監修者――木村靖二／岸本美緒／小松久男／佐藤次高

［カバー表写真］
西太后の肖像

［カバー裏写真］
排雲殿（西太后が誕生日の祝賀の挨拶を受けた所）

［扉写真］
輿に乗る西太后と李蓮栄（右一番前の人物）

世界史リブレット人76

西太后

清末動乱期の政治家群像

Fukazawa Hideo
深澤秀男

目次

内憂外患の時代と西太后

最近、浅田次郎の『蒼穹《そうきゅう》の昴《すばる》』がテレビで放映され、西太后《せいたいこう》▲（一八三五〜一九〇八）についてテレビからもアクセスできるようになった。もっとも、浅田氏の『蒼穹の昴』は小説であって、かならずしも史実に忠実というわけではない。従来、西太后については、小説や映画にも描かれてきたが、史実から離れているものも多い。史実に近いものとしては、西太后に仕えたことのある女官のドキュメンタリー風のものと研究書があるが、本書ではこの両方を参考にしてお話ししていきたい。

まず、西太后の特徴について述べれば、西太后は垂簾聴政《すいれんちょうせい》▲という形式で一八六一（祺祥《きしょう》元）年から一九〇八（光緒三十四）年までの長きにわたって政権担当

▼西太后　満州人の貴族エホナラ氏の娘で、幼名蘭児。咸豊帝の皇子を産み、咸豊帝の死後、宮廷の東の建物に住んでいた皇后、東太后に対し、彼女は西の建物に住んでいたため、西太后と呼ばれた。

▼垂簾聴政　皇太后などが幼帝にかわって政治をおこなうことであり、群臣にはばかって御座に前簾をおいたことからこのようにいう。

の座にあったことは注目に値する。とくに、女性はだまっているのが徳であり、皇后であっても表の政治には口出しをしてはならないとされていた時代に、これだけの期間を政権にかかわれたということは、彼女の気質もあるだろうが、その努力も認められねばならないであろう。また、彼女が政権の座についていた時期は、のちほど述べるように、清朝末期の内憂外患の時代であった。政権運営の困難な時代背景の上に彼女の動きを考える必要があるだろう。

これまでの西太后についての研究をみると、田中克己は『中国后妃伝』の最後に清朝の旧臣が西太后に全責任を負わせ、亡国の恥を負おうとしなかったことはとがめられるべきであったと述べており、濱《はま》久雄は『西太后』のなかで、中国の思想の歴史や革命の歴史のなかに西太后を位置づけている。加藤徹は『西太后――大清帝国最後の光芒』で中国文学、とくに京劇の研究の背景のもとに自由な西太后観を述べ、宮原桂は『西太后最後の十三日』などで、西太后を健康の面からみているが、私は政治史、とくに官僚の動静をとおして西太后の時代に迫っていきたいと思う。

一つだけ西太后のエピソードについてふれておこう。西太后はエホナラ氏▲に

▼**エホナラ**(葉赫那拉)**氏**　満州人の一部族の海西女直《かいせいじょちょく》に属する名前であり、加藤徹によればエホはエホ川の音写でナラは太陽をあらわすモンゴル語の音写である。

属していたが、清朝初代の皇帝太祖ヌルハチの皇后がエホナラ氏である。加藤徹によれば、俗説では、皇后の弟クヤングがヌルハチに反抗して殺された時、「わがエホ族の子孫は、一人の女子でも残ればかならず満清を滅ぼすだろう」と呪った。これを伝え聞いたヌルハチは「今後、エホナラの女子を決して后妃にしてはならない」という掟を定めたというのである。

①—太平天国と洋務運動の時代

国内の動乱と太平天国

西太后は一八三五(道光十五)年十月十日(旧暦)、エホナラ氏に属する満州旗《き》人《じ》▲で安徽省寧池広太道《ねいちこうたい》▲であった恵徴《けいちょう》の娘として北京で生まれた。一八五二(咸豊二)年、十八歳(数え年)で秀女▲に選ばれ、後宮にはいった。

その前年に起こったのが太平天国の運動である。アヘン戦争後、賠償金のための重税による窮乏化に対する農民の反封建闘争として大反乱が各地で起こり、そのなかで最大のものが太平天国の運動として展開し、咸豊帝と対決することになった。

太平天国の運動は、一八四七(道光二十七)年、ヤハウェを礼拝する拝上帝《はいじょうてい》会《かい》から始まったが、その組織者は、村の塾の教師馮雲山《ふううんざん》と洪秀全《こうしゅうぜん》(七頁参照)の族弟▲洪仁玕《こうじんかん》であった。また拝上帝会の参加者は、炭焼き出身の楊秀清《ようしゅうせい》、貧農の蕭朝貴《しょうちょうき》、客家《はっか》▲出身の地主韋昌輝《いしょうき》(金田村)、石達開《せきたっかい》(貴県)らを中心としており、その出身階層は、貧農や鉱山労働者などが多かった。

▼**満州旗人**　満州人の貴族で旗地という名の領地を与えられている。

▼**安徽省寧池広太道**　安徽省の副長官で寧国、池州などの地方を支配した。道は道員ともいい、正四品。品は、日本の位と同じで正従一品から同九品まである。

▼**秀女**　満州王朝の后妃候補者または皇族の妃候補者となる女性。

▼**族弟**　高祖父を同じくする同輩の若者。

▼**客家**　漢民族ではあるが、他の漢民族より遅く中国南部に入植した人たち。

●清朝皇帝系図

（　）内は在位期間

①太祖ヌルハチ（一六一六～二六）

②太宗ホンタイジ（一六二六～四三）

③世祖順治帝（福臨）（一六四三～六一）

④聖祖康熙帝（玄燁）（一六六一～一七二二）

⑤世宗雍正帝（胤禛）（一七二二～三五）

⑥高宗乾隆帝（弘暦）（一七三五～九五）

⑦仁宗嘉慶帝（顒琰）（一七九六～一八二〇）

⑧宣宗道光帝（旻寧）（一八二〇～五〇）

東太后＝⑨文宗咸豊帝（奕詝）（一八五〇～六一）＝西太后

⑩穆宗同治帝（載淳）（一八六一～七五）

恭親王奕訢

醇親王奕譞＝西太后の妹

隆裕皇后（西太后の姪）＝⑪徳宗光緒帝（載湉）（一八七四～一九〇八）＝珍妃

醇親王＝栄禄の娘

⑫宣統帝（溥儀）（一九〇八～一二）

溥傑

▼大同思想　太古は公平無私の平和な時代であったという思想。

一八五〇(道光三十)年七月、拝上帝会員は広西省桂平県金田村に集結して団営を結成し、男子は男営に女子は女営に入営した。そして一八五一(咸豊元)年一月十一日、洪秀全指導のもとに彼の誕生日を期して金田村で挙兵した。太平天国の太平とは、古代の大同思想▲からとられたものであり、天国とは、聖書からとられたものである。儒教を攻撃し、民間信仰の神々を偶像として破壊する彼らの運動は、最初は弾圧を受けたが、貧困を逃れ救済を求める民衆を巻き込んで広まっていった。

太平天国の樹立とともに洪秀全は天王となり、楊秀清・蕭朝貴・馮雲山・韋昌輝・石達開は、それぞれ永安占領後、東王・西王・南王・北王・翼王に任ぜられた。一八五一年から五二年にかけて永安を拠点として半年を過ごし、その間に軍制・軍律・官制・暦法を制定した。彼らはアヘンの吸飲や纏足《てんそく》などの悪習を廃止し、土地を均分する天朝田畝《てんちょうでんぽ》制度などの政策を打ち出し、支配下の民を戦闘や労働に動員した。

一八五二(咸豊二)年には、清軍の包囲を破って、北進が開始された。この時、天徳王洪大全が清軍にとらえられ、その後桂林・全州に転戦したが、全州で馮

●太平天国の進軍図

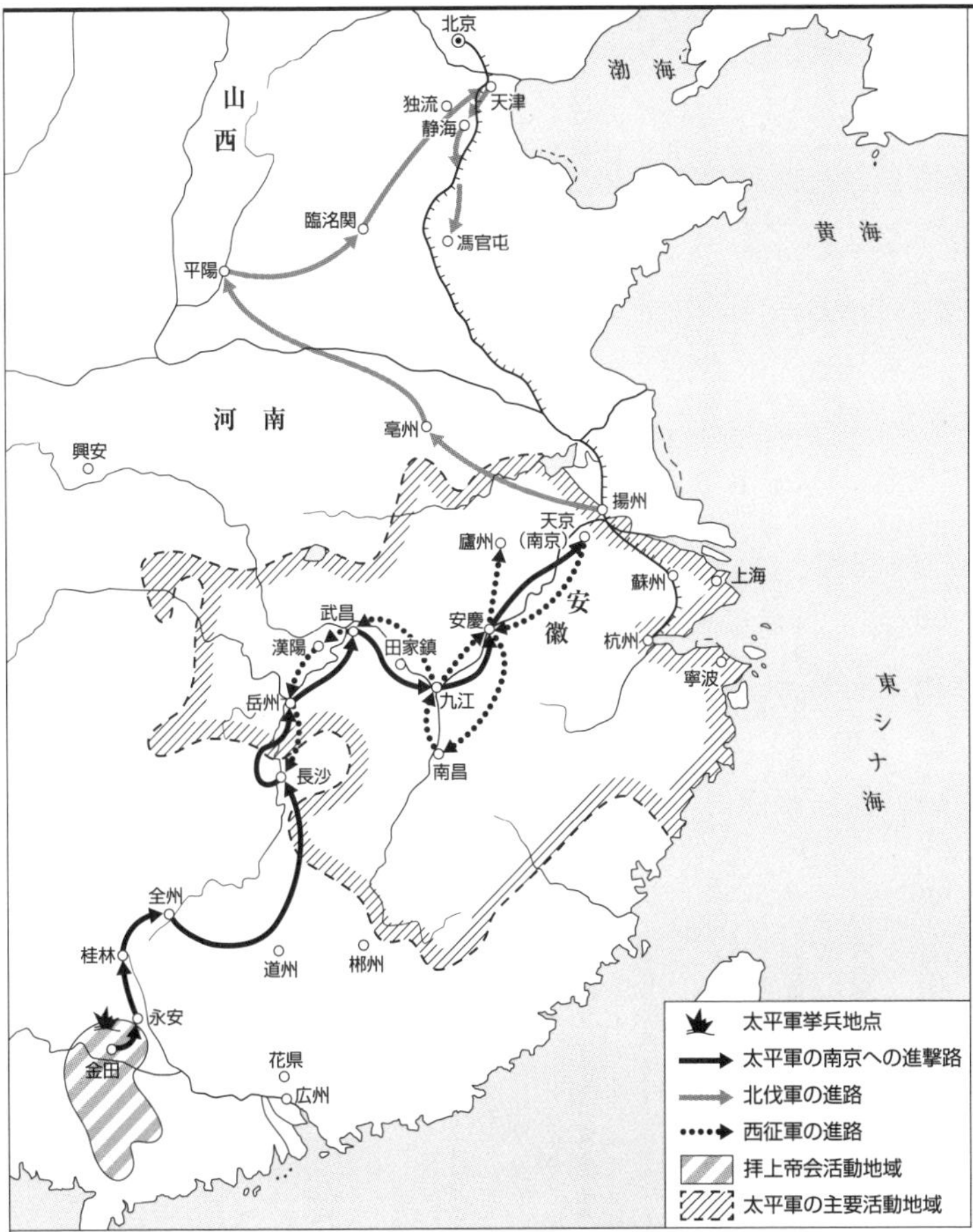

〔出典〕小島晋次『洪秀全と太平天国』岩波書店，2001年をもとに作成。

●咸豊帝（一八三一〜六一、在位一八五〇〜六一）清朝九代目の皇帝。

●洪秀全（一八一三〜六四）広東でキリスト教の伝道に接し、自らをキリストの弟と称して、拝上帝会という宗教結社をつくった。

雲山が戦死する。ついで湖南にはいって道州を占領し、「奉天討胡（天を奉じて野蛮たる清を討つ）」を訴えた檄文を示し、各地の会党▲もそれに応ずる者が数万あった。さらに郴州《ちんしゅう》を占領し、長沙をかこんだが占領できず、蕭朝貴を失った。岳州・漢陽・武昌をへて揚子江にで、九江・安慶を占領し、ついに五三年三月、南京を占領し、天京《てんけい》と改め首都とした。清朝打倒をめざす太平天国は「滅満興漢」を掲げて華北へ向かった。

一八五三（咸豊三）年から五五年にかけては、北伐と西伐がおこなわれたが、まず北伐からみていこう。李開芳《りかいほう》・林鳳祥《りんほうしょう》・吉文元《きつぶんげん》の北伐軍は、揚州をでて、安徽・河南・山西・独流・静海をへて、北京に迫りながらも寒さと餓えのために敗北し、黄生才《こうせいさい》の援軍も五五年に全滅した。

西征軍は、安慶・南昌・廬州《ろしゅう》・武昌・田家鎮《でんかちん》などで攻防戦を展開したが、この時の参加者は、胡以晃《こいこう》・韋志俊《いししゅん》・石貞祥《せきていしょう》・石達開らの軍であった。

この頃、洪秀全は天京の宮中でずっと生活しており、東王楊秀清が軍政の実権を握っていた。楊秀清をねたんだ北王韋昌輝は東王一族を惨殺した。これに対して洪秀全は、北王を殺害し、翼王石達開に輔政させたが、徐々に一族の洪《こう》

▼会党　中国の民間における秘密結社の類で、社会で隠然たる力をもっていた。

仁達《じんたつ》、洪仁発《こうじんはつ》を重用するようになった。

太平天国の敗北

天京の政府が内部争いで混乱におちいったこの機に、太平軍反撃にでたのが、弱化した清朝の正規軍の八旗軍▲、緑営▲、さらに漢人官僚が郷里で組織した郷勇《きょうゆう》▲である。すなわち、曾国藩（一五頁参照）の湘軍、李鴻章（一六頁参照）の淮《わい》軍が太平天国鎮圧のために活躍した。それに加え、ウォード▲が創設した常勝軍のゴードン将軍▲の西欧の近代兵器による太平天国攻撃があり、太平天国は大きな打撃を受けた。太平天国側指導者の内訌もあり、この結果、天王洪秀全は病死し、干王洪仁玕・忠王李忠成・幼王洪天貴福・翼王石達開は清軍にとらえられ処刑され、太平天国は一八六四（同治三）年に滅びた。

この間、西太后の父恵徴は、太平天国の安慶占領に巻き込まれ、一八五三（咸豊三）年四月、心労のため鎮江府で病没した。

▼**八旗軍**　清朝の正規の軍隊で、従来の満州八旗に蒙古八旗、漢軍八旗を加えている。

▼**緑営**　漢民族による八旗軍より一段劣った軍隊。

▼**郷勇**　正規軍の不足を補うために曾国藩・李鴻章ら、漢人官僚が郷里の人民を訓練して用いた兵士。

▼**フレデリック・タウンセント・ウォード**（一八三一～六二）　アメリカ人で、上海商人の要請により外人部隊を組織し、太平天国を撃退した。その軍隊は常勝軍と呼ばれた。

▼**チャールズ・ジョージ・ゴードン**（一八三三～八五）　イギリス人の元将校で、ウォードを継いで常勝軍を指揮した。

咸豊帝の死と同治帝の誕生

大陸に太平天国の勢いが広がり始めた一八五四(咸豊四)年、西太后は咸豊帝から懿嬪《いひん》▲の名を与えられ、五六年に咸豊帝との間に、皇子愛新覚羅《あいしんかくら》▲載淳《さいじゅん》、のちの同治帝を産んでいる。その功により翌年、懿貴妃▲となり、のちに同治帝から慈禧《じき》の称号を与えられている。

この年、イギリス国籍の船アロー号への清国官憲の立ち入り調査から、イギリスとの間に第二次アヘン戦争が起こっている。清朝軍は、北京の郊外五キロほどの八里橋で英仏軍と戦い、僧格林沁《センゲリンチン》▲の率いる蒙古騎兵隊が敗れた。それを聞いた咸豊帝は、重臣の粛順《しゅくじゅん》らの進言を受け入れ、熱河《ねっか》の避暑山荘に巻狩に行くという名目で后妃・大臣・宦官らを引きつれ、北京から逃れた。一方、弟の恭親王奕訢《えききん》と彼の岳父の桂良《けいりょう》に命じて、北京に残って英仏軍との和平交渉に臨ませた。西太后は、はじめは北京を離れることに反対であったが、咸豊帝に従った。

咸豊帝は熱河に到着して生活を始めた頃、結核を患い、すでに喀血していた。ともに熱河に避難した重臣には、怡親王載垣《いしんのうさいえん》、軍機大臣▲鄭親王端華《たんか》、協弁大学

▼懿嬪　懿は名前、嬪は后妃の位で、この時、西太后は序列第三位。

▼愛新覚羅　清朝の王室の姓、愛新は金を意味し、由緒ある家柄の姓。

▼貴妃　后妃の位で、序列第二位。

▼僧格林沁(生年不詳〜一八六五)　清朝のモンゴル人の勇猛な郡王であったが、第二次アヘン戦争で敗北した。

▼軍機大臣　軍事上の最高機関として創設されたが、内閣の役目をはたすようになった軍機処の責任者。

士▲・戸部尚書▲・御前大臣▲粛順《しゅくじゅん》、御前大臣景寿《けいじゅ》、兵部尚書▲穆蔭《ぼくいん》、吏部左侍郎《さじろう》▲匡源《きょうげん》、礼部右侍郎▲杜翰《とかん》、太僕寺少卿▲焦瀛《じょうえい》の八人がいた。

咸豊帝は一八六一(咸豊十一)年七月十七日(旧暦)、死期を悟り、諸臣を召見して皇子愛新覚羅載淳を皇太子とした。そしてこの八人に、たがいに協力し、政務に励むことを命じ、その日に三十一歳の若さでなくなった。

その後、さきに述べた八人の大臣が政務を執った。政権の中心となって担当したのは、載垣・端華・粛順であり、そのなかでも指導的な立場に立ったのは、粛順であった。粛順は、鄭親王端華の弟で、太祖ヌルハチの甥に始まる宗室▲の名門の出であった。加藤徹によれば、彼は「狡知に長けた政治屋」であるだけでなく「未来のヴィジョンをもつ政治家」でもあり、先見の明があり、保守抵抗勢力の反対を押し切って、曾国藩や李鴻章ら漢人官僚を抜擢し、西洋列強の中国侵略に断固反対したという。

これに西太后は反対し、東太后▲や恭親王を誘って、咸豊帝の葬儀をきっかけに、政治的には、実力者であったこの三人を粛清する、いわゆる辛酉《しんゆう》の政変を起こし、政権を奪い、載垣・端華を自殺に追い込み、粛順を斬首した。

▼**協弁大学士**　内閣で大学士の下にあり、首相となる。従一品。

▼**戸部尚書**　六部の財政をあつかう役所の長官。従一品。

▼**御前大臣**　内廷に関係する大臣。

▼**兵部尚書**　軍事行政を担当する役所の長官。従一品。

▼**吏部左侍郎**　文官の選任、勲階、懲戒をつかさどる役所の上級次官、正二品。

▼**礼部右侍郎**　礼部の次官、正二品。

▼**太僕寺少卿**　宮廷の馬をあつかう役所の次官。正四品。

▼**宗室**　皇室と同じ。

▼**東太后**　咸豊帝の皇后、帝の死後皇太后となり、東太后と呼ばれた。

辛酉の政変後、西太后は恭親王を議政王▲とし、一八六一（祺祥《きしょう》元）年、五歳の息子載淳を同治《どうち》▲帝として即位させ、年号を同治と改元した。ついで西太后と東太后は「垂簾聴政」をおこなった。同治帝は、即位すると東太后に「慈安」、西太后に「慈禧」の徽号▲を贈った。六五（同治四）年、西太后により恭親王は政治を牛耳っていると叱責され許されたが、ここから西太后の独裁が始まる。

洋務運動の成立

当時、中国が第一に取り組まなければならない課題が富国強兵であった。洋務運動は、太平天国打倒に影響を与えた漢民族を中心とする洋務派官僚による軍事中心の近代化運動であり、期間は一八六〇（咸豊十）年から九四（光緒二十）年であり、そのなかで六〇年から七四（同治十三）年の一四年間は、内治外交ともに小康を保ち、政権が安定していた。同治帝の元号から「同治中興」と称されるが、ここで実権を握っていたのは西太后であった。

洋務派の成立にあたっては、太平天国打倒に功績のあった漢人官僚の役割が大きかったが、それを最初に認めたのは、粛順であり、それを継承したのが西

▼議政王　軍機大臣の首班として庶政を補佐する。

▼同治　共同で国をおさめるという意味。

▼徽号　天子、皇后などの功徳をたたえるためその尊号の上に加える。

同治帝

恭親王奕訢

曾国藩

張之洞

李鴻章

太后であったという。洋務派としては、中央においては西太后と結んだ恭親王奕訢・文祥、地方にあっては曾国藩・李鴻章・左宗棠《さそうとう》・張之洞《ちょうしどう》の督撫《とくぶ》層▲が活躍した。

洋務派官僚

ここで、洋務派官僚を紹介しておこう。

まず、中央の恭親王奕訢は道光帝の第六子であり、第四子の咸豊帝の異母弟で一八三二（道光十二）年に生まれた。咸豊帝が即位すると軍機大臣に任命され、五二（咸豊二）年九月までその任にあり、恭親王の母、静妃の死にともない解任された。その後六〇年、咸豊帝が北京を離れた時、英仏連合軍との講和の全権大臣に任命された。辛酉の政変ののち、開明的な新体制を成立させ、二三年間にわたり洋務運動を展開した。

文祥は満州族のグワルギア氏の出身で、一八一三（嘉慶《かけい》二）年、遼陽に生まれ、四五（道光二十五）年、進士▲に及第し、工部主事▲となったが、太平天国軍の対応で功績をあげ、五九（咸豊九）年、在軍機大臣上行走▲ならびに戸部左侍郎となり、

▼**督撫層**　総督（地方数省の長官）や巡撫（一省の長官）の階層。

▼**進士**　科挙（官吏登用試験）の最終段階の試験に合格した者。

▼**工部主事**　造営工作をつかさどる役所の事務官。

▼**上行走**　その職に適する者がない時、それに近い者をこの名で呼ぶ。

▼**総理各国事務衙門**　外国との外交事務などを取り扱う役所。のちの外務部。

六〇年、英仏連合軍との講和の任にあたった恭親王を彼の岳父桂良とともに助け、六一(祺祥元)年、総理各国事務衙門▲が創設されると、総理各国事務衙門大臣(軍機大臣も兼任)に任命され、洋務派の中央官僚として、その生涯を全うした。

地方官僚としてはまず、曾国藩について述べよう。彼は一八一一(嘉慶十六)年、湖南省湘郷県に生まれた。父麟書《りんしょ》の家塾で学び、三八(道光十八)年、曾家ではじめて進士に及第し、四三年、翰林院侍講▲に昇進、四七年、内閣学士▲兼礼部侍郎銜《かん》▲に昇進、四九年、礼部右侍郎、同年兵部右侍郎に転じた。五一(咸豊元)年に太平天国の運動が起こると、母の服喪のため湘郷に帰っていた曾国藩は、郷里で土匪《どひ》を捜査せよとの命を受け、太平天国と捻軍▲の討伐にあたり、翌年、「討粤《えつ》匪(広東の匪族、太平天国を討つ)」の檄文を出し、太平天国がキリスト教により国家の樹立を実行しようとしていることに、儒教的精神から反対し、郷里の儒教的精神に燃える書生を組織し湘軍などの義勇軍を練成し、弾圧した。五五年には武器製造工場などをはじめてつくった。六〇年、両江総督▲に昇任し、欽差大臣▲となり、江南の軍事権を与えられた。六四(同治三)年、太平天国平定の功により、太子太保銜▲一等侯爵世襲罔替《もうたい》▲に進んでいる。翌年、山東の捻軍討

▼**翰林院侍講**　翰林院の役職で各学士、侍読の下におかれた。従五品。

▼**内閣学士**　内閣は大学士および協弁大学士を首脳とし、その下に学士をおく。従二品。

▼**銜**　官職のある者に与える官で名前だけで職のない優遇官。

▼**捻軍**　清末、一八五三年から六八年まで、淮北を中心に活動した農民反乱軍。

▼**両江総督**　江蘇・安徽・江西の各省を統括する長官。正二品。南洋通商大臣をかねる。

▼**欽差大臣**　勅命により命ぜられた官。

▼**太子太保銜**　太子を補佐する官。正一品。

▼**罔替**　爵位が世襲になり、かえることがないこと。

伐の欽差大臣となった。六七(同治六)年、体任閣大学士となり、翌年、直隷総督に任ぜられ、天津で起こったキリスト教反対運動の解決にあたり、七二年に病没した。

李鴻章は一八二三(道光三)年、安徽省合《ごう》肥《ひ》県に生まれた。四五年に曾国藩に師事し、四七年には進士に及第、翰林院にはいり、五〇年、翰林院編修となっている。五三(咸豊三)年、太平天国軍進出にともない、団錬結成を命じられ帰郷し、軍務につく。五八年、太平天国軍により妻子が殺されたことをきっかけに、江西省に駐留していた曾国藩のもとに行き、幕僚となった。六二(同治元)年、淮南の地主団錬を中心として編制した淮軍を率いて上海に赴き、江蘇巡撫の職につき、翌年、ゴードンの常勝軍とともに蘇州を回復し、一等粛毅伯に封ぜられる。六五年、曾国藩が捻軍鎮圧に派せられ、その後任として、署両江総督になり、翌年、曾国藩にかわって、欽差大臣署理に任ぜられ、六八年に捻軍を鎮圧した。その後、湖広総督に就任し、七〇年には直隷総督(三八頁参照)兼北洋通商事務大臣となり、清朝の外交を担当、武英殿大学士をへ、七四年以来文華殿大学士となり一九〇一(光緒二十七)年、病没した。

▼**体任閣大学士**　内閣の三閣の一つ体任閣の大学士のことで、正一品。

▼**翰林院編修**　科挙の最高試験である殿試で一番から三番までの者に授けられる。正七品。

▼**団錬**　郷村の自衛武装集団のこと。

▼**幕僚**　地方長官の顧問で、報酬は長官の私財から支払われる。

▼**署両江総督**　両江総督代理。

▼**欽差大臣署理**　欽差大臣を兼掌すること。

▼**湖広総督**　湖南、湖北の各省を統括する長官。正一品。

▼**北洋通商事務大臣**　旧長江水師が北洋海軍に編制され、それとその地方の通商外交を管轄する。直隷総督の兼務。

左宗棠は一八一二(嘉慶十七)年、湖南省湘陰県の生まれで、二十一歳で挙人▲に合格したが、その後三度、会試▲に失敗し、農学と教育に方向転換した。三七(道光十七)年には湖南省醴陵《れいりょう》の淥江《ろくこう》書院で教えた。三九(道光十九)年、両江総督陶澍《とうじゅ》宅の家庭教師をしていて、陶澍の女婿胡林翼《こりんよく》の知遇をえ、林則徐にも会っている。五二(咸豊二)年、胡林翼らの勧めで、湖南巡撫張亮基《ちょうりょうき》の幕僚となり、翌年、張亮基の転勤を機に湖南巡撫駱秉章《らくへいしょう》の幕僚となった。六〇年、曾国藩の命により、楚軍を組織し、江西省で太平天国軍と交戦、その軍功により、六一年に浙江巡撫、六三(同治二)年に浙江・福建総督兼巡撫▲となり、六四年には、フランス軍の協力もえて太平天国軍から、浙江省を奪回した。太平天国平定後、洋務運動をおこなう。六七年、欽差大臣として、捻軍討伐にあたり、翌年、鎮圧すると、回族▲平定にあたり、七四年に成就した。その後、軍機大臣・総理衙門大臣を歴任し、八一(光緒七)年には、両江総督兼南洋大臣▲となり、八四年、清仏戦争開始にともない、欽差大臣として、福州に赴いたが、翌年同地で病没した。

張之洞は一八三七(道光十七)年、直隷南肥県に生まれた。十六歳で挙人とな

▼武英殿大学士　内閣の三殿の一つ武英殿の大学士のことで、正一品。

▼文華殿大学士　内閣の三殿の一つ文華殿の大学士のことで、正一品。

▼挙人　各人の郷里での試験に合格し、北京でおこなわれる試験を受ける資格のある者。

▼会試　郷試(故郷での試験)に合格した者が北京で受ける試験。

▼浙江・福建総督兼巡撫　福建省の総督と浙江省の巡撫をかねた職。

▼回族　中国の少数民族の一つで大多数がイスラム教徒。

▼南洋大臣　旧内河水師が南洋海軍に編制され、それを管轄する。両江総督の兼務。

るが、太平天国などで受験できず、二十六歳で進士に及第、翌六三(同治二)年、翰林院編修となった。六七年、湖北学政▲、その後四川郷試副考官などを歴任し七六(光緒二)年に文淵閣校理▲となる。八〇年、吏部主事呉可読《ごかどく》が西太后の光緒帝推挙を問題にした時、張之洞は西太后を弁護し、彼女の信頼をえた。ついで、イリ地方で係争中のロシアと条約を締結した吏部左侍郎の崇厚《すうこう》を弾劾し、有名となり、翌年には翰林院侍講から侍読学士▲に昇進し、八二年には内閣学士をへて山西巡撫となった。山西の殖産興業や教育のために尽力し、八四年、両広総督▲に任命され、清仏戦争では主戦論を主張した。これ以後、彼は洋務運動をおこなう。八九年、湖広総督に任命され一九〇七年まで在任し、その後、内閣大学士、軍機大臣を歴任し、督弁粤漢鉄路大臣▲などの任にあたったが、一九〇九(宣統《せんとう》元)年に病没した。変法派の官僚や紳士たちは彼を敬愛していた。中体西洋論(一二一頁参照)を唱え、『勧学編▲』を書いている。

洋務運動の内容

洋務運動の具体的な内容としては、まず総理各国事務衙門をつくり、外交関

▼学政　正式な官名は提督学政で、一省の学事を統督する役目。清末、提学使となる。

▼文淵閣校理　内閣の文淵閣に勤務し、文書の校正をする。

▼侍読学士　内閣の大学士・協弁大学士・学士の下の役目。従四品。

▼両広総督　広東・広西の各省を統括する長官。正二品。

▼督弁粤漢鉄路大臣　広東省から湖北省にいたる鉄道を統括する大臣のこと。

▼『勧学編』　張之洞の学問論で、その開明的思想と政治的立場を明らかにしている。

係を改善し、同文館・広方言館などを設置し、西洋人の教師をおき、外国の文化を摂取しようとした。そして、育才・自強・求富が目的とされたが、この運動はおもに三つの時期に大別される。

第一期は一八六〇（咸豊十）年から七二（同治十一）年までであり、兵器製造工場建設を中心とした時期である。まず、曾国藩は六一（祺祥元）年に安慶内軍械所を設立し、ついで容閎《ようこう》▲をアメリカに派遣し、機械の買い付けをおこなった。李鴻章は、六二（同治元）年、マカートニー▲の協力をえて洋砲局を上海に設立し、六五年には上海に江南製造総局を設立した。江南製造総局では付属の学校が設置され、図書の翻訳、発行がおこなわれた。同年、南京に金陵機器局を設置した。また左宗棠は、六六年に福州船政局を設立し、翌年、船政学堂を敷設した。さらに同年、天津機器局も設立している。六九年には西安機器局、福建機器局を、七二年には雲南機器局を設立した。

第二期は一八七二（同治十一）年から八五（光緒十一）年までであり、官督商弁方式▲による軍事関連企業の建設であった。まず李鴻章一派では、七二年、朱基《しゅき》昂《こう》▲により汽船会社輪船招商局を開き、七八年に開平鉱務局、七九年に唐山胥各

▼容閎（一八二八〜一九一二）　アメリカ人宣教師ブラウンの弟子で、イェール大学卒。太平天国干王洪仁玕の友人で、のちに外交官となる。洋務運動・変法運動・革命運動に参加。

▼サムエル・ハリデイ・マカートニー（一八三三〜一九〇六）　のち、イギリスの外交官。

▼官督商弁方式　官が監督し、実際には民間の商人が仕事をおこなうやり方。

▼朱基昂（生年不詳〜一八七八）　洋務運動における最初の民需企業である輪船招商局の創立者の一人。

荘鉄道、八〇年に天津電報総局と電報学堂、八二年には鄭観応《ていかんおう》▲を用いて上海機器織布局(独占企業で八九年開業)を開設している。左宗棠は、蘭州機器織呢局▲を開設した。またこの時期には、産業の種類も広がり、石炭・鉄・銅の採掘や精錬、さらに軍事輸送や通信の便宜がはかられた。なお、この時期は、広州・山東・四川・吉林・北京・浙江に兵器工場が開設された。

　第三期は一八八五(光緒十一)年から九四年までであり、北洋海軍▲の成立と漢陽製鉄所▲設立の時期である。李鴻章は七四(同治十三)年以来、北洋海軍の建設をおこない、八一(光緒七)年に水師学堂、八八年には艦船整備を完了した。八七年には官営の天津鉄路公司が設立され、天津山海関鉄道の敷設に着手し、九四年に完成した。また、九一年から九三年にかけては、劉銘伝《りゅうめいでん》▲による台湾での鉄道建設がおこなわれ、八八年には莫河《ばくか》金鉱が発見された。一方、張之洞は、まず広東に八六年に繅絲《そうし》局、八七年に水師学堂を建設した。湖北には八九年に北槍砲廠(漢陽兵工廠)、九〇(光緒十六)年に煉鉄廠(漢陽製鉄所)、九一年には大《だい》冶《や》における鉄鋼コンビナートを建設した。そのほか、九〇年に湖北織布局、九三年に湖北自強学堂、九四年に紡紗局・製麻局・繅絲局を建設した。また上海

▼鄭観応(一八四二〜一九二二)　清末の実業家・思想家で、商務の振興と君民一体の議会政治を主張した。

▼蘭州機器織呢局　ここにでてくる呢は羊毛のことである。

▼北洋海軍　旧長江水師が新しく編制された呼び名。直隷総督に所属する。

▼漢陽製鉄所　一九〇八(光緒三十四)年、盛宣懐が漢陽製鉄所、大冶鉄山、萍郷炭鉱をまとめ、株式会社漢冶萍煤鉄公司をつくり、その功績は日本に独占されるようになった。

▼劉銘伝(一八三六〜九五)　太平天国攻撃で功をあげ淮軍の武将となり、直隷総督となった。台湾の統治もおこない鉄道を敷設した。

漢陽《かんよう》製鉄所　洋務派で「中体西用」を唱えた張之洞が、漢水と長江の合流点に位置する交通の要衝である湖北省漢陽に建造した製鉄所(一八九四年完成)。鉄道への鋼材供給や軍需用鋼鉄を国内で自給する目的で建設された。

総理各国事務衙門　中国歴代王朝では、外交をあつかう役所は設けていなかったが、一八六一年、はじめて外務省にあたる総理各国事務衙門(総理衙門)が設置された。従来の朝貢体制から外国を対等と見なす外交方針への大転換であった。

江南製造総局翻訳館　江南製造総局は李鴻章が一八六五年、洋式兵器自給のため設立し、鉄砲・艦船・工作機械の製造を意図したが、そのためには外国の技術書の翻訳が必要とされ、江南製造総局翻訳館も設立された。

では、九一年に官督商弁の華盛紡織新局、九四年には、盛宣懐《せいせんかい》▲が上海機器織布局を再建、拡充して華盛機器紡織総廠を設立した。

洋務運動の背景とそのもたらしたもの

　富国強兵をめざした洋務運動のもととなった、洋務思想の中心をなすものは、中体西用論と付会《ふかい》説である。中体西用論は、中国の伝統的学問で心身をおさめ、西洋の学問・技術で世事に応ずるというものであり、付会説は、すべての西洋の学問が起源を中国にもっているという考え方である。

　このような洋務思想を推進した人には、郭崇燾《かくすうとう》▲などがおり、洋務から変法思想にかたむいた人に薛福成《せつふくせい》▲・馬建忠《ばけんちゅう》▲・王韜《おうとう》▲らがいる。政治的には頑固派官僚▲や外国勢力との妥協があり、洋務派内部でも矛盾と対立があったといわれている。しかし洋務運動により、中国にもはじめて資本主義が始められ、労働者も発生した。また洋風の学校が設立され、外国語の翻訳や出版もおこなわれ、留学生も派遣した。

　なお、洋務運動の末期には、清仏戦争などの敗北で、軍事改革、富国強兵か

▼**盛宣懐**（一八四四～一九一六）　李鴻章の幕僚となり、官僚企業家として活躍した。

▼**郭崇燾**（一八一八～九一）　一八四七（道光二十七）年に進士となり、翰林院の官についたが、太平天国で湘軍を編制。広東巡撫などをへて、イギリス・フランス公使を歴任し、対外協調路線を主張した。

▼**薛福成**（一八三八～九四）　曾国藩の幕僚で、国際情勢に明るく、イギリス・フランスの公使を歴任。中国の立ち遅れを痛感し、洋務論から変法論にかたむいた。

▼**馬建忠**（一八四五～一九〇〇）　李鴻章の幕僚で外交を担当。洋務派の理論家として知られているが、その思想は、変法論に近づいた。

▼**王韜**（一八二八～九七）　西洋事情を研究し、渡英した。香港に帰り、洋務運動を批判し、変法論を唱えた。

▼**頑固派官僚**　清朝の伝統的専制支配体制を維持していこうとする保守的官僚。

ら政治改革へと洋務論を転換させることとなった。

光緒帝の即位

同治帝は一八七三(同治十二)年に十八歳となり、成人に達し、成婚の儀がおこなわれ、東太后・西太后が帰政の諭旨をくだし、同治帝の親政が宣言された。同治帝は、東太后がおした戸部尚書崇綺《すうき》の娘を皇后とし、西太后がおした侍郎鳳秀《ほうしゅう》の娘は、慧妃と呼ばれた。

同治帝は皇后を愛し、「撤簾《てつれん》帰政」の方針を掲げ、西太后と対立したが、政治の実権はまだ西太后が掌握していた。同治帝は親政まもない十九歳で、天然痘で死去し、皇后もまもなく二十一歳で死んだ。同治帝は嗣子がないまま死去したので、その継承者として、西太后におされて即位したのが光緒帝である。

清朝の慣例に従えば、皇帝がなくなり、次の皇帝を選ぶ時は、皇帝継承者は、次世代の者のなかからを選ぶのが通例であり、この時には、咸豊帝の弟恭親王の孫に傅倫《ふりん》という者がおり、西太后の女官で、西太后に寵愛されていた徳齢によれば、適格者であったとしている。

しかし西太后は、皇族をまねいて、秘密の皇族会議を開き、同治帝は死んだが、わが子の治世が続くことを願って、先帝咸豊帝の甥であり西太后にとっても甥となる咸豊帝の弟の醇親王奕譞と西太后の妹であるエホナラ氏の長子愛新覚羅載湉を推薦する。皇族のなかには、あえて異議を唱える勇気のある者はいなかったので、載湉が即位し光緒帝となった。しかし、実際に訓政をおこなったのは西太后であった。

光緒帝の成長と翁同龢

光緒帝には四人の宦官がついたが、なかでも光緒帝を手塩にかけて育てた王商が皇帝の信頼を得ていた。光緒帝の日課は、洗面・食事のあと、西太后に朝の挨拶をすることに始まる。西太后は、光緒帝に自分のことを親爸爸《チンパパ》(お父さま)と呼ばせた。そのあと、光緒帝は西太后とともに謁見の間で上奏のため参内する大臣・文武高官に謁見した。

ついで弓術・文学・剣術・絵画などを学んだが、光緒帝がもっとも尊敬した先生は、▲師傅の翁同龢《おうどうわ》である。翁同龢は一八三〇(道光十)年、江蘇省常熟県の

翁同龢

▼**師傅**　皇帝の顧問兼教育係。

▼**状元**　進士に一番で合格した者をいう。

▼**弘徳殿**　弘徳殿は北京の乾清宮の脇にある建物で、同治帝が学を講じた所。

生まれで、五六(咸豊六)年、状元▲で進士に及第し、翰林院編修となり、六五(同治四)年、弘徳殿▲侍講を命ぜられ、光緒帝の教育係となり、その後、長期間その任にあったので、光緒帝は事あるごとにかならず翁同龢に聞き、彼を頼り、彼を重んじていたという。七五(光緒元)年には、署刑部右侍郎となり、都察院左都御史▲・刑部尚書・工部尚書を歴任し、八二年には軍機大臣に就任している。八四年の清仏戦争には和戦両様の構えをとり、翌年、戸部尚書となった。九四年には日清戦争開戦を主張し、李鴻章を開戦に踏みきらせた。翁同龢は、いわゆる「清流」派▲の官僚で、光緒帝の側近の帝党の中心人物であり、門下生には後述の張謇《ちょうけん》や文廷式《ぶんていしき》▲ら開明派の官僚がおり、西太后を支持する后党派の李鴻章や西太后の甥の栄禄(四四頁参照)と対立した。

光緒帝の親政

光緒帝が即位した翌年の一八七六(光緒二)年頃から、山東・山西・河南などに旱魃による飢饉が起こり、英国バプティスト派の宣教師ティモシー・リチャード▲らが飢饉救済運動をおこなった。しかしリチャードらは、この運動は政治

▼都察院左都御史　官僚の不正や、政治を乱す者たちを訴える役所の長官。従一品。

▼「清流」派　清朝の清廉潔癖な官僚の集団をいう。

▼文廷式(一八五六〜一九〇四)　翁同龢の門にはいり、翰林院侍読学士などを歴任し、皇帝に重用され、皇后派から政権を奪取しようとしたが、反撃され、追放された。

▼ティモシー・リチャード(一八四五〜一九一九)　イギリスのバプティスト派宣教師で、のち、『万国広報』(四七頁参照)を刊行する広学会の責任者となる。

問題だと考え、李鴻章ら官憲に訴えたので、李鴻章らが救済にあたるようになった。このリチャードは、のちに康有為《こうゆうい》らに変法運動を示唆するようになるのである。

一八八一(光緒七)年、西太后の弟・桂祥将軍の娘・普澧《ふれい》と婚約し、八九年に結婚、さらに翁同龢の親友で侍郎の長叙《ちょうじょ》の二人の娘瑾妃《きんひ》、珍妃《ちんひ》の側室をもったが、実子はなかった。皇后は西太后のための監視役でもあった。西太后は宦官の太監《たいかん》▲・李連英《りれんえい》▲に皇帝の身辺を探らせた。李連英は西太后の寵愛を受けたが、光緒帝とは疎遠の仲であったという。

なお、光緒帝がいちばん信頼した妃は珍妃であり、珍妃も光緒帝を尊敬し、光緒帝は政治の問題でもなにくれとなく珍妃と相談し、珍妃は学問が好きで真面目であったので、真剣に答えたといわれている。それに対し、皇后と瑾妃はこころよく思わなかったようである。

西太后は、自分の姪を皇后に選んだあとは光緒帝に親政を許し、頤和園《いわえん》に隠居したが、実権は離さなかった。

▼太監　宦官職は一二監に分かれており、各監に一人の太監が任命されていた。

▼李連英(一八四八〜一九一二)　同郷の宦官の手引きで宦官となり、西太后に認められて総管太監となり、四〇年以上宮中にあり、絶大な権力をふるった。扉の写真参照。

頤和園　金代に建てられた離宮。西太后が愛し修復に莫大な費用を投じたといわれる。

頤和園の中海で船を浮かべる西太后たち

西太后と姤たち　写真左から瑾妃・徳齢・西太后・容齢(徳齢の妹)・徳齢の母・光緒皇后。

②―日清戦争の時代

日清戦争の背景

日清戦争は、一八九四(光緒二十)年の八月から九五年の四月にわたる日本と清国の戦争である。中国では中日甲午戦争と呼ばれる。原因としては、朝鮮をめぐる日清両国の政治的な対立が考えられるので、少し詳しくその歴史的な経緯を明らかにしていく。

明治政府の征韓論は、市場の拡大と国内政治の危機をみる目をそらすものであったが、西郷隆盛らが下野しても、政府は一八七二(明治五)年の琉球併合、七四年の台湾出兵、七五年の江華島《こうかとう》事件▲などをとおして、アジアに武力侵略をはかり、七六年には日朝修好条規(江華島条約)の締結により、朝鮮に対して釜山など三港の開港、不平等条約、領事裁判権を押しつけ、朝鮮の宗主権を再確認しようとする清国との対立を激化させることとなった。

これに対して清国は、一八八二(光緒八)年、大院君《だいいんくん》▲による閔《びん》妃一族の独裁と日本の侵略に反対するクーデタである壬午《じんご》軍乱を援助して、朝鮮に進出しよう

▼**江華島事件**　一八七五年、日本の軍艦が朝鮮沿岸で挑発的な行動を起こし、江華島付近で両国軍が衝突した事件。

▼**大院君**(一八二〇～九八)　朝鮮王朝第二六代の王高宗の父。摂政として内政改革と鎖国政策をおこない、王妃閔氏一族と対立した。

とした。しかし、清国のいうことを聞かないという理由で、清国は大院君を北京に連行し、閔妃一族が宮廷に復帰した。これにより清国の朝鮮に対する指導権は著しく強化された。日本もこれに対抗するため済物浦《さいもっぽ》条約を締結し、日本に対する賠償金の支払いと日本の駐兵権を認めさせた。

同年九月には、清国と朝鮮の間に水陸貿易章程が成立し、清国の宗主権と朝鮮は清国の属国であることが確認された。

当時、朝鮮には金玉均《きんぎょくきん》▲・朴泳孝《ぼくえいこう》ら独立党と閔台鎬《びんたいこう》・金炳国《きんへいこく》ら事大党との対立がみられた。前者は日本と組んで近代的改革をおこなおうとするものであり、後者は清国と結ぼうとするものであった。

一八八四(光緒十)年十二月、日本公使竹添進一郎《たけぞえしんいちろう》は、独立党に第二京城事件(甲申《こうしん》政変)と呼ばれるクーデタを起こさせ、いちおう成功し、新政府が宣言されたが、清国軍が出兵して王宮にはいり、王を擁したためクーデタは失敗に終わった。その結果、竹添公使は日本に帰国し、金玉均や朴泳孝も日本に亡命した。

一八八五年四月には、日清間に天津条約が結ばれ、両国が朝鮮から撤兵する

▼**金玉均**(一八五一〜九四)　開化派の指導者。日本と結んで近代的改革をおこなおうとした。

時と今後の出兵の場合には相互に通告すること、清国の宗主権を確保することが承認された。

これより、清国の朝鮮に対する影響力がまし、朝鮮も日本に対して強硬となった。一八八九(光緒十五)年九月には、防穀令が出され、穀物の対日輸出が禁止された。

これに対し、日本に対外強硬論が台頭し、それは政府要人から始まり、外務官僚や野党にまでおよんだ。すなわち、この頃の日本の国内事情の特徴としては、憲法発布、帝国議会開会などの近代的な政治制度が敷かれたが、一方には、国内市場の狭隘、農業生産の不振、政局の不安定、藩閥政治のいきづまりがみられたのである。日本政府は着々と軍備拡張につとめ、一八九〇(明治二十三)年には、七個師団と五万トンの軍隊をもつようになった。

一方、清朝の北洋艦隊では、李鴻章が一八九四(光緒二十)年四月、大観艦式をおこなって、日本に示威した。

日清戦争の経過

日清戦争の直接の原因は、一八九四年の四月から五月にかけて、南朝鮮一帯でピークをなした東学党の乱(甲午《こうご》農民戦争)である。東学党は、没落両班《ヤンバン》出身の崔済愚《さいせいぐ》▲・全琫準《ぜんほうじゅん》▲を指導者として、日欧の侵略、官吏の不正に反対して起こされたものであったが、朝鮮政府は困って清国駐韓商務総弁袁世凱《えんせいがい》(四二頁参照)をとおして清国に出兵を要請した。

これを受けた李鴻章は、直隷提督▲葉志超《ようしちょう》、山西太原総兵▲聶士成《じょうしせい》の指揮下に北洋陸軍を朝鮮に送り、北洋海軍提督丁汝昌《ていじょしょう》に軍艦を派遣させ、日本政府に対しては、天津条約に従って五月六日に出兵を通告した。

これに対する日本の態度は、まず在京城代理公使杉村濬《ふかし》が外相陸奥宗光《むつむねみつ》に朝鮮が清国に援兵要請をした旨打電した。閣議は、清国の出兵は日本の出兵につながるとし、天皇も了承したため、六月、日本艦隊は七〇〇〇人が仁川に集結し、大本営が新設された。これに清朝が反対したので、北京の小村寿太郎《こむらじゅたろう》代理公使は、日本の出兵は条約上の権利であること、兵力・行動は日本の自由裁量であること、日本は朝鮮を清朝の属国とは認めないと主張した。

▼崔済愚(一八二四~六四)　東学を創始し、キリスト教に反対する。西学に対する東学を意味し、社会不安に動揺する民衆に広まった。

▼全琫準(一八五四~九五)　一八八八年に東学党にはいり、九四年二月に蜂起する(東学党の乱)。

▼提督　武官の最高職で、清代には主要の省におかれ、督撫とともに管内の武官を監督する。従一品。

▼総兵　提督につぐ武官の位で、正二品。

七月にはいると大鳥圭介《おおとりけいすけ》公使は最後通告を朝鮮政府に突きつけ、大院君を強迫して清鮮宗属関係廃止の宣言を出させ、元山駐屯の清国兵の撤退を日本側に委ねさせた。七月二十五日、豊島沖海戦において、日本海軍は清国艦隊を奇襲して打破した。ついで二十九日、日本陸軍は聶士成軍を成歓《せいかん》に敗走させた。八月一日、両国は宣戦布告し、九月十七日の黄海海戦では、両国の主力艦隊が衝突し、日本軍の勝利に帰し、日本軍は制海権を掌握した。日本は戦勝気分にあふれ、戦争に反対したのは北村透谷《きたむらとうこく》などの少数のキリスト教徒のみであった。

十月から翌一八九五(光緒二十一)年の三月にかけて、日本はまず満州、遼東半島にはいり、大連・旅順を占領し、ついで遼西にはいり、田庄台を落とし、さらに威海衛を占領し、提督丁汝昌の残存勢力を劉公島に降伏させた。

一方、この戦の間、清朝内部においては、主戦論を唱える宮廷と、和平論を唱え西太后を擁する北洋大臣直隷総督李鴻章の間に対立がみられた。なお、李鴻章が和平論を唱えた背景には、清朝の軍備の不十分さがあったのだが、北洋海軍の費用の一部は、西太后の隠居地、頤和園の改築に流用されたという。

●日清戦争関連地図

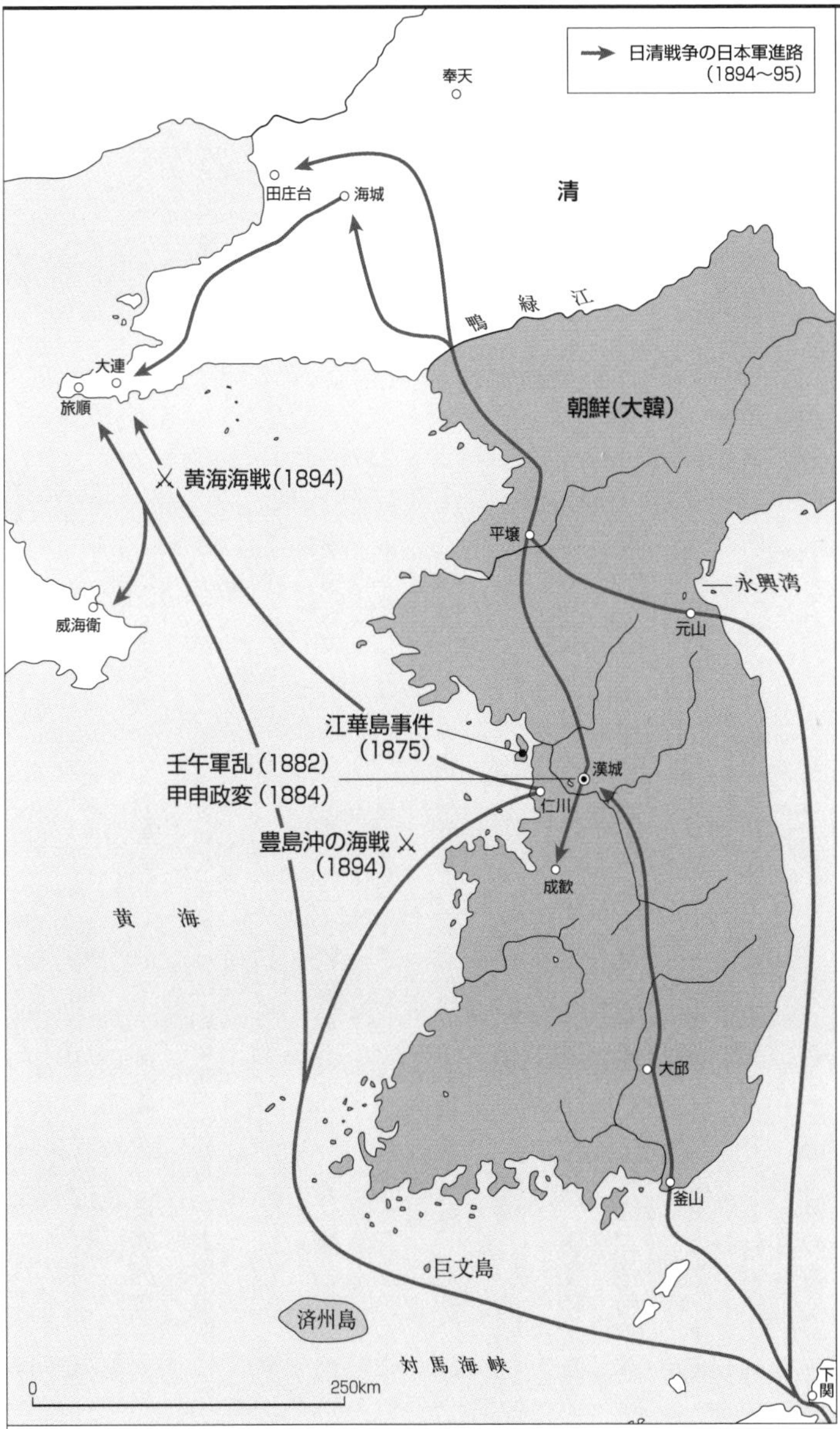
日清戦争の日本軍進路
(1894〜95)
奉天
田庄台
海城
清
鴨緑江
大連
旅順
朝鮮(大韓)
黄海海戦(1894)
平壌
永興湾
元山
威海衛
江華島事件
(1875)
壬午軍乱(1882)
甲申政変(1884)
漢城
仁川
豊島沖の海戦
(1894)
成歓
黄海
大邱
釜山
巨文島
済州島
対馬海峡
下関
0
250km

聶士成と丁汝昌

ここで、日清戦争の直隷提督聶士成と北洋海軍提督丁汝昌にふれておく。

聶士成は安徽省合肥の生まれで、少年時代、海軍の袁甲三《えんこうさん》▲の軍隊にはいったが、一八六二(同治元)年に劉銘伝の軍隊に移り、太平軍・捻軍と戦い、翌年に守備▲、六五年に副将▲、六八年には総兵に昇進した。八四(光緒十)年、清仏戦争が始まると、千余人を率いて台湾に赴き、フランス軍の侵入に抗戦した。九二年、太原総兵となる。日清戦争にさいしては、兵士一五〇〇を率いて朝鮮に赴き、九四年七月、牙山《がざん》・成歓の戦で日本軍と勇敢に戦ったが、日本軍の増強により敗北、平壌に退却。十月、遼寧大高嶺一帯を守備し、清国に侵入してきた日本軍を撃退、直隷提督に昇進した。一九〇〇年春、義和団運動が北京・天津間に波及すると蘆保《ろほ》・津蘆《しんろ》の両鉄道の守備を命ぜられ、義和団を激しく弾圧した。そのため義和団に憎まれた。清朝が八カ国連合軍と戦った時、天津八里台で日本軍と戦い壮絶な戦死をし、日本軍人から評価され、悼まれたという。

丁汝昌は一八三六(道光十六)年、安徽省蘆江県の生まれで、五四(咸豊四)年、太平天国軍が蘆江県城を攻めた時、太平天国軍に参加し、程学啓《ていがくけい》の部下となり、

▼**袁甲三**(一八〇五～六三)　一八三五(道光十五)年の進士で、御史・兵科給事中となり、捻軍討伐に活躍。

▼**守備**　武官の位で正五品。

▼**副将**　総兵につぐ武官の位で、従二品。

安慶攻略に参加した。六一（祺祥元）年、安慶が清軍に包囲されると程学啓は部下と曾国荃《そうこくせん》▲に降伏、丁汝昌も湘軍に編入された。六四（同治三）年、劉銘伝に従って捻軍鎮圧に従軍。七四年、失職すると李鴻章の勧めもあって海軍にはいった。七九（光緒五）年に清朝が北洋水師創設を命ずると、李鴻章の引きもあり、記名提督▲として北洋水師の建設にかかわった。翌年、丁汝昌は李鴻章からイギリスからの軍艦受領とフランス・ドイツの海軍視察を命じられた。八八年、北洋海軍の成立にともない丁汝昌は提督に任命され、大小艦船四〇余艘を率いることになった。日清戦争が始まると大孤山沖海戦、威海衛海戦の徹底抗戦を決意したが、負傷し敗れ、翌年、敵の軍門にくだることをいさぎよしとせず、服毒自殺した。

下関条約と三国干渉

一八九五（光緒二十一）年三月二十日から下関和平会議が開かれた。日本側全権は首相伊藤博文と外相陸奥宗光、清国全権は李鴻章で、四月十七日、講和条約が調印された。おもなものをあげれば、第一条、朝鮮の完全独立、第二条、

▼曾国荃（一八二四～九〇）　曾国藩の弟で、兄が太平天国に苦戦しているのをみて、義勇兵を組織し、太平天国・捻軍を打倒した。その功績などにより、両広総督などを歴任。

▼記名提督　将来提督に昇任することを記名されること。

奉天省南部、遼東半島・台湾・澎湖諸島の割譲、第四条、軍事賠償金二億両、第六条、片務的最恵国待遇の承認(通商上の特権付与)、沙市・重慶・蘇州・杭州の開港、宣昌—重慶間、上海—蘇州・杭州間の日本汽船の航路拡張の承認、清国開港場における製造営業経営権の獲得、通商航海条約の締結予約であった。

これに対し、ロシア・ドイツ・フランスの三国は、四月二十三日、三国干渉をおこない、日本の遼東半島放棄を勧告したため、遼東半島は中国に返還したが、日本は台湾・澎湖諸島をえて、植民地経営に乗り出した。そのため、資本主義が発展し、外国と同等に中国市場に進出し、その国際的地位が向上した。

一方、日清戦争は、欧米列国の帝国主義的進出の機会を提供した。すなわち、ロシアは旅順・大連を、フランスは杭州湾を、ドイツは膠州湾を、イギリスは威海衛・九龍半島を租借した。下関条約の締結により、それら外国の侵略に対し、清朝国内では改革などにより自国を強化する自強論が盛んとなる。

③―戊戌の政変

光緒帝と戊戌の変法

一八九五(光緒二十一)年、日清戦争に敗れた清朝は下関条約を締結した。巨額の賠償金、台湾の割譲などにより、国の将来に危機を感じた光緒帝は、変法▲の必要性を考えるようになった。

ちょうどこの時、康有為(四五頁参照)の影響を受けた翁同龢《おうどうわ》をとおして、光緒帝は康有為の数回の上書や『俄《ロシア》大彼得《ピョートル》変政記』▲『日本変政考』を読み、維新派によって自らをかためる決意をする。ついで一八九八(光緒二十四)年六月十一日、御史▲楊深秀《ようしんしゅう》、侍読学士徐致靖《じょちせい》の上奏により明定国是(変法国是)の詔勅をくだした。▲それにはまず、数年来の廷臣たちによる変法の求めに応じて、特科の開設、▲武科制度の改革、大小学堂▲の設立などの詔書を発したことに言及している。続いてこの詔書は、「聖賢義理の学を根本に植え、また西学(西洋の学問)で時務(時事)に切実なものを博く採り、実力で求め、空疎迂謬《うびゅう》(内容がとぼしく遠回しな)の弊を救い、……経済の変化に通用する人材を成すように」求め、

▼**変法**　法を変ずると訓じ、政治制度の改革をいう。維新と同じ意味に使う。

▼**『俄大彼得変政記』**　ロシアのピョートル大帝の改革運動。

▼**御史**　官吏らの監督・査察をその任務とする。

▼**変法国是を認定**　立憲君主制を国の方針として、詔で定めた。

▼**特科の開設**　従来の科挙の試験に加えて、たとえば経済特科ならば新しい経済問題などで試験をおこなうこと。

▼**大小学堂**　大学から小学校にいたるヨーロッパ風の学校のこと。

▼**京師大学堂**　北京強学会（四六頁参照）が源流。現在の北京大学。

▼**張元済**（一八六七〜一九五九）　進士に合格し郵電部左参事をへて変法運動に参加し、その後上海商務印書館の経営と編集に従事。中華民国成立後、「二十四史」を研究。

▼**宣命**　詔《みことのり》を伝達すること。

栄禄

め、中学（中国の学問）を根本にし、西学を採り入れて、中国の積弊を救おうとする態度を示していた。詔書の最後のところで、「京師大学堂▲は各行省で提唱し、……軍機大臣と総理各国事務王大臣に命じて」有能な人材を「等しく入学させて授業を受けることを許し、人材の輩出を期し、共に時難を救うように」求めていた。ここに、人材を養成し政治に参加させ、困難を乗り切ろうとする切実なようすがうかがわれる。

　ついで、二日後の十三日に光緒帝は、康有為・張元済《ちょうげんさい》▲を十六日に予備召見することを宣命▲した。西太后派は光緒帝派が勢いをえることを懸念し、ついに翁同龢をとがめたため、光緒帝は翁同龢を退かせ、西太后の甥の栄禄《えいろく》（四四頁参照）を直隷総督▲につけ、北京を守らせ、北洋の三軍を統率させた。また、二品（位）以上の大臣の任命が西太后に委ねられていたので、光緒帝と西太后のいっそうの対立を引きおこすこととなった。六月十六日、旨を奉じて召見に応じ康有為は「既に、守旧が禍敗を致したことを知り、変法と維新を尽くさなければ自強はできない」と強く主張した。帝も「変法でなければできない」といったが、干渉をはばかって、八股《はっこ》文▲の廃止と国家の予算については、やっと質問に加えた。光緒帝はまた、張元済の建てた学校・通芸学堂のことをたずね、学生につとめて励み、国家のために事をなすように勧めている。

ここで、光緒帝の上諭▲を取り上げて、変法の構想を明らかにしてみよう。一八九八(光緒二十四)年六月十一日から九月二十日まで二〇五の上諭が出された。それらは大別して政治・経済・文化教育・軍事の四方面に分類できる。まず政治面においては、変法国是により光緒帝が変革の主体となり、立憲君主制を敷くことであった。ついで、新しい人材登用による変法(改革)体制の確立、その内容としては、時務(時事問題)に通達すべきこと、経済特科の新設と八股文の廃止による科挙制の改革、余分の館・院の廃止による役所の近代化が掲げられた。

経済面では、国家の歳入・歳出をよく管理し、鉄道の敷設、鉱山の開発、農業、商業、工業の育成により、民生の向上をはかろうとするものであった。

文教面においては、留学生を派遣し、外国の文化を摂取し、旧来の書院を改めて京師大学堂を中心とする西欧風の近代的な学校を設立し、学問や発明を奨め、新聞社を設立して民衆の啓蒙にあたろうとした。

▼直隷総督　直隷省(首都北京を除く)の長官。北洋通商大臣をかねる。正二品。

▼八股文　科挙の試験に用いられた対句形式の文体。

▼上諭　皇帝が諭し聞かせる文書。

軍事面では、軍艦を建造して西欧風の近代的軍隊をつくりあげることにより、清朝を近代的で強固な独立国家にしようとしたのであった。

以上四方面から、光緒帝の改革をみたが、これらの改革の基礎となった変法運動は、学会の創設、新聞・雑誌の発行、西欧風の近代的な学校の設立であったといえるだろう。

西太后の戊戌の政変

光緒帝は頤和園に赴き、西太后に休んでいることを願い、西太后も最初は戊戌の変法を静観していた。しかし譚嗣同《たんしどう》（五一頁参照）が光緒帝の任命により変法運動に奔走し、袁世凱に、栄禄を殺し西太后を頤和園に押し込めることを要望したとの密告を栄禄より受けた西太后は戊戌政変に踏み出し、光緒帝を紫禁城と頤和園内に、珍妃を紫禁城内に閉じ込めた。楊崇伊《ようすうい》の訓政▲の請願もあり、一八九八（光緒二十四）年九月二十一日、西太后は光緒帝をとおし、「垂簾《すいれん》の詔」をくだし、政権に復帰する。西太后は、さらに諭し、康有為を免職し、その弟・康広仁《こうこうじん》を罰することを命じ、同月二十八日、「戊戌の六君子▲」の死刑を宣告

▼**訓政**　太上皇、皇太后が譲位後なお政務を執ること。

▼**「戊戌の六君子」**　戊戌の政変により処刑された六人（譚嗣同、劉光第、楊深秀、康広仁、楊鋭、林旭）の変法派の官僚の尊称。五一頁以降参照。

●—光緒帝

●—珍妃

●—瀛台《えいだい》涵遠楼　紫禁城内で光緒帝が幽閉された御殿。

●—頤和園玉瀾《ぎょくらん》堂

し、康有為・梁啓超らの逮捕を命じた。

西太后が栄禄の密告を受けて頤和園から紫禁城にきた時、光緒帝はいった。

「私は古くからの掟を尊重し、孝行の道をわきまえているつもりでございます。私はこのような誣告《ぶこく》（親殺し）には承服いたしかねます。私には国民の福利のためにわずかでももつくしたいという一念があるのみで、そのためには改革はどうしても必要と存じます」。それに対して西太后は「われわれの祖先が造られた掟に従わねばならぬ。あなたが抱いているような新思想は国を滅ぼすもとです。あなたに国を治める資格がない以上、いかにすべきかわかっているはずです」と答えたという。

このようにして光緒帝とその理解者珍妃は、それぞれ紫禁城に幽閉された。光緒帝が、紫禁城の瀛台《えいだい》▲に幽閉されていた時には、宦官の決死のはからいで珍妃に会うことができたという。頤和園では、壁でぬり込められた玉瀾《ぎょくらん》堂に監禁されており、儀式など必要な時だけ玉座にあった。

戊戌の政変に深くかかわる袁世凱と栄禄についてここで記しておこう。袁世凱は一八五九（咸豊九）年、河南省項城県の名族に生まれた。童子試▲に合格して

▼瀛台　紫禁城の西苑の太液池にある台。

袁世凱

▼童子試　科挙の初級段階の試験。

秀才▲となったが、挙人に合格できずに科挙を断念し、八一(光緒七)年、捐納▲により内閣中書▲の資格をえ、養父、袁保慶の親友慶軍統領▲呉長慶の幕下にはいり営務処会弁▲となった。

翌年、すでに述べたように朝鮮で閔妃一族に対して国王高宗の父大院君一派が政権奪還を企てる壬午軍乱が起こった時、袁世凱は慶軍に従って朝鮮に赴き政変を鎮圧した。その後もソウルにとどまり、新式軍隊の建設に尽力した。一八八四(光緒十)年、甲申政変を鎮圧し、宗主国清朝の威信を保つことができ、李鴻章の信任をえた。翌年、総理交渉通商事宜▲の全権代表となり、朝鮮の内政外交に関与し朝鮮を属国化した。九四年、東学党の乱が起こると、李鴻章に出兵を促し、日清戦争の原因をつくったが、形勢が不利になると満州に逃れた。

日清戦争に敗れた清朝は新式軍隊の設置に着手したが、袁世凱は清朝中枢にうまく取り入り、一道員の資格でその担当を命ぜられた。彼は天津郊外に新建陸軍(新軍)を建設した。九八年、変法派が袁世凱の武力を頼って西太后に対抗しようとしたが、変法派の実力を見抜いた袁世凱は前述のとおり、栄禄に密告した。それにより、西太后の信任をえ、清末の政界で活躍することになる。一

▼**秀才**　かつての科挙の試験科目の名。その試験の合格者。清代は童子試の合格者のことを指す。

▼**捐納**　金銭や穀物を寄付して官職をえること。

▼**内閣中書**　内閣の侍読学士の下に侍読がおり、その下に中書がいる。従七品。

▼**統領**　一営一八〇〇人編制の歩隊を一営から数十営合する時に統領をおく。

▼**営務処会弁**　黒龍江省の新軍では、営務処を設け軍隊を編制し、三二〇〇人ほどおり、それを統括するのが総理であり、その下に会弁がおかれた。

▼**総理交渉通商事宜**　通商交渉の事務を総理すること。

九〇〇年、山東巡撫となって義和団を弾圧し、翌年、直隷総督兼北洋大臣に昇進、練兵処合弁大臣▲・軍機大臣兼外務部尚書を歴任、一一年、辛亥革命▲が起こると翌年、孫文(七七頁参照)について臨時大総統となった。

栄禄は一八三六(道光十六)年の生まれで、姓はグワルギアであり、満州旗人で西太后の甥である。五二(咸豊二)年、蔭官▲で主事に、ついで騎都尉となったが、粛順らの自派取り込み運動を拒否したため苦労した時期もあったという。五九年、戸部銀庫員外郎▲、翌年、恭親王のもとで英仏連合軍攻撃下の警備にあたる。六一(祺祥元)年、捐輸軍餉奨候選道、翌年、神機営文案処翼長▲として西太后らの熱河からの帰京の警備にあたる。また、辛酉の政変の時、恭親王と連絡をとったというので、西太后の信任をえた。六八(同治七)年、神機営左翼総兵、内務府▲大臣、七一年、署工部左侍郎、七三年、戸部左侍郎、九六(光緒二十二)年、兵部尚書、協弁大学士となり、袁世凱に新建陸軍をつくらせ、九八年に文淵閣大学士、直隷総督兼北洋大臣に昇進し、変法派譚嗣同の暗殺計画にいれられたが、袁世凱の密告を受け、クーデタを断行。義和団運動(六八頁参照)では、和平派を形成し、一九〇一(光緒二十七)年、督弁政務大臣▲となり、翌

▼練兵処合弁大臣　新軍の軍隊編制をおこなう役所の総理につぐ大臣。

▼辛亥革命　一九一一(宣統三)年、革命派が武昌蜂起に成功し、清朝が打倒されて中華民国となった。まず孫文が臨時大総統となり、袁世凱がそれを継いだ。

▼蔭官　父祖の功績でえた官。

▼員外郎　六部が二四司に分かれそれぞれの長が郎中で、その補佐役が員外郎。従五品。

▼神機営文案処翼長　火器を用いた軍隊で、清では八旗中の精鋭を選出し訓練した。総統が統括し、その下に翼長がおかれた。正三品。

▼内務府　清朝の王所属の役所で王室いっさいの事務を管理する。

▼督弁政務大臣　義和団ののちの制度改革を統括する大臣。

年、太子太保、文華殿大学士となり〇三年死去した。栄禄の娘は、醇親王載灃に嫁ぎ清朝最後の皇帝宣統《せんとう》帝溥儀《ふぎ》を産んだ。

康有為・梁啓超の日本亡命

ここでは、西太后の戊戌政変により、身一つで難を逃れた康有為と彼の弟子梁啓超にふれる。まず康有為について述べる。康有為は原名が祖詒、字が広廈、号が長素・明夷・更生・更甡・天遊化人など多くある。一八五八(咸豊八)年、広東省南海県に生まれ、春秋公羊学者、変法運動の推進者となった。

祖父賛修は、連州の訓導(県学の補助教官)となり、父達初は、江西補用知県(県の長官)となったが、康有為は幼くして父を失っている。一八七六(光緒二)年、南海県出身の大儒朱次琦《しゅじき》▲に学び、済人経世▲、実践躬行《きゅうこう》の学を学んだが、載東原などの清朝考拠学▲にあきたらず、七九年、西樵山の白雲洞にこもり、道仏の書、『西国近事彙編《いへん》』『環游地球新録』『海国図志▲』『瀛寰志略《えいかんしりゃく》▲』などの書を読み、西学を講ずるもととした。一八八三(光緒九)年には『東華録▲』などを読み、『万国公報』などを購入している。また、不纏足《てんそく》会を始めている。

▼**朱次琦**(一八〇七～八一)　一八四八(道光二十八)年の進士で、山西省の知県として善政をおこなう。引退後、郷里の子弟に経書を教える。

▼**済人経世**　人を救い、世のなかをおさめる。

▼**清朝考拠学**　清朝でおこなわれた、研究して拠り所を示す学問。考証学ともいう。

▼**『海国図志』**　清の魏源がアメリカ人宣教師ブリッジマンの『聯邦志略』を原本にして書いた世界地理の本。日本の横井小楠・吉田松陰・勝海舟・坂本竜馬らに影響を与えた。

▼**『瀛寰志略』**　地球についての地理の本。

▼**『東華録』**　清朝の皇帝の歴史の記録。

一八八八（光緒十四）年、三十一歳で郷試を受け、そのさいに国士監祭酒▲を通じて光緒帝に第一上書（皇帝に奉る書）をおこなったが、翁同龢の反対にあって失敗した。そして九一年、郷里に万木草堂を開き、陳千秋・梁啓超ら弟子の養成にあたった。また彼らの助力のもとに『新学偽経考』▲を完成させた。九二年には『孔子改制攷』▲の編纂に着手した。

下関条約が調印された一八九五（光緒二十一）年、科挙に合格した康有為は会試受験の挙人たちと日本との抗戦を請うた上書をおこなった。四月、光緒帝に引見されて、工部主事を授けられた。この時、第三上書をおこなって受け入れられている。第四上書は皇帝に受け入れられなかったので、方向を多角化して、学会、報刊（新聞や雑誌）、学堂の設立運動もおこなうようになった。七月に北京強学会▲、その機関紙『中外紀聞』、九月に分会の上海強学会、その機関紙『強学報』を創設、発行している。またこの頃、翁同龢が変法を意図するようになったので、康有為は、彼に科挙の改革を説いたという。

一八九七（光緒二十三）年には、聖学会▲・粤《えつ》学会▲を創設し、『日本書目志』▲を出版している。九八年には光緒帝に『日本変政考』▲などを進呈し、ドイツの膠州

▼**国士監祭酒**　旧国立大学学長。

▼**『新学偽経考』**　漢代に発見されたという経書による学問は偽であると述べた本。

▼**『孔子改制攷』**　孔子は改革者であることを説いた本。

▼**北京強学会**　康有為、梁啓超らが欧米人の広学会に倣って北京に建てた学会。のちに北京大学に合流。

▼**聖学会**　陝西省出身の北京にいる役人が建てた儒教的学会。

▼**粤学会**　在北京の広東省出身者の建てた学会。

▼**『日本書目志』**　日本で出版された本の目録。

▼**『日本変政考』**　日本の明治維新について書いた書物。

●—康有爲

●—梁啓超

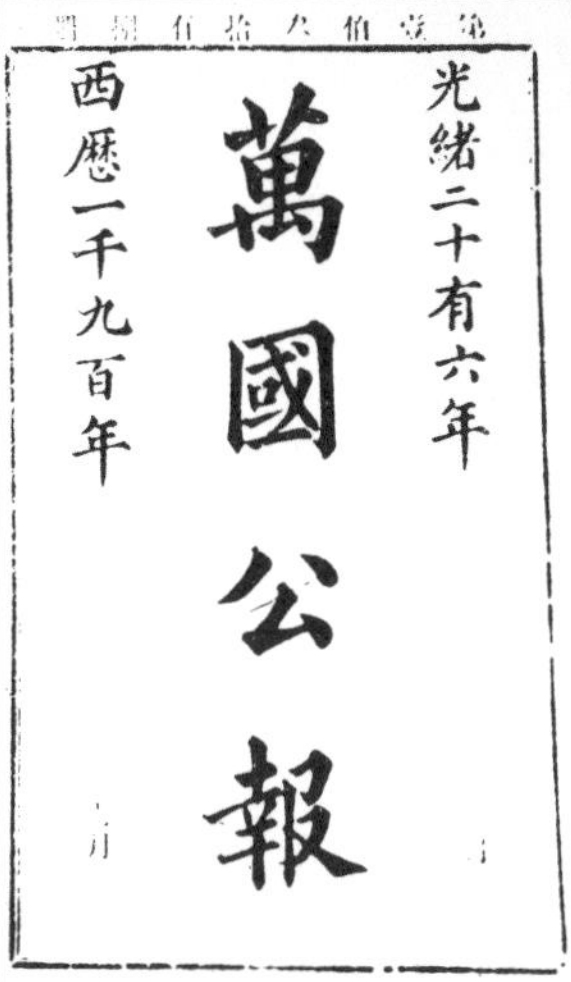
第壹佰六拾有捌冊
光緒二十有六年
萬國公報
西歷一千九百年

●—『**万国公報**』**と広学会**　清末に中国にやってきた欧米人の広学会の機関紙。

湾占領にともなって、保国会を設立している。

同年五月、保守派の恭親王が死去すると、六月に明定国是（変法国是）の論が出され、康有為は光緒帝に召見され、全面的な変法と制度局の創設などを上奏した。康有為は総理衙門章京に任命され、積極的に改革案を出し、変法実施の実をあげようとしたが、保守派の反発も強く、とくに『孔子改制攷』が弾劾された。康有為は譚嗣同と相談して袁世凱を頼り、光緒帝を中心として、改革を進めようとしたが、すでにみたように袁世凱は逆にこのことを后党の栄禄に密告したため、西太后の訓政、いわゆる戊戌の政変が実施され、光緒帝は幽閉、「戊戌の六君子」（五一頁参照）は殺され、康有為・梁啓超は身一つで日本に亡命し、帝党派の主要人物たちは、謹慎を命ぜられたのであった。

なお康有為は一八九九（光緒二十五）年、亡命先のカナダで光緒帝の復辟を願い、保皇会を組織し活動した。一九〇〇年、康有為の指導を受けた後述する唐《とう》才常《さいじょう》が自立軍起義に失敗し、〇二年にはインドに住んで『大同書』などを執筆した。一三年、母の喪のために帰国し、討袁（袁世凱を倒す）運動を支持した。一七年、張勲の復辟運動を支持したが、少しずつ時代から取り残され、二七年

▼**保国会**　外国の侵略に対して中国を守ろうとする会で、中国最初の政党といわれる。

▼**章京**　書類をあつかう係り。

▼**復辟**　皇帝が位を回復することをいう。

▼**保皇会**　西太后によって押し込められた光緒帝の権力の回復を願う結社。

▼**唐才常**（一八六七〜一九〇〇）　譚嗣同と同郷。後述するように自立軍起義を起こす。

▼**『大同書』**　康有為が中国の「礼紀」などの古典、アメリカのベラミーの考えを参考に理想の世界を書いた本。『新学偽経考』『孔子改制攷』と並ぶ三部作。

▼**学海堂**　広州に創立された私立学校で、レベルが高かったといわれている。

三月、病のため青島で没した。

梁啓超は一八七三(同治十二)年、広東省の新会県の地主、読書人の家に生まれた。彼は変法運動の推進者として行動したが、中華民国になってからもジャーナリスト・学者・政治家として活躍した。広州の学海堂▲に学び、八九(光緒十五)年、十六歳で挙人に合格、翌年、上京して会試に応じたが失敗し、その帰途、上海で『瀛寰志略《えいかん》』などの洋書にふれ、広州に帰ったのち、友人陳千秋を介して康有為の門を叩き、弟子となった。

康有為は一八九一(光緒十七)年、前述のとおり広州長興里に、私塾、万木草堂を開き、教育にあたっていた。康有為の弟子となった梁啓超は、師の康有為とともに変法運動の主要な担い手に成長していった。九五年、日清戦争の終わり近くに三度、会試に応じたが失敗した。その時、康有為とともに挙人の請願上書である公車上書をおこなった。ついで七月、康有為と北京強学会をつくり、彼はその書記となり、その機関紙『中外紀聞』の主筆となった。北京強学会には、ティモシー・リチャードら西洋人の宣教師たちも参加しているが、梁啓超は一月あまりリチャードの秘書となっている。

九月、上海強学会の設立に参加し、その機関紙『強学報』にも関係したが、それが弾圧されると、翌九六(光緒二十二)年、上海強学会の残金で上海に『時務報』を創刊し、王康年《おうこうねん》▲が社長となり、梁啓超は主筆となっている。この雑誌は一世を風靡し、魯迅・毛沢東・林語堂《りんごどう》▲も読者となった。九七年には、湖南に創設された時務学堂▲に主講として招聘されている。この時務学堂の卒業生が、のちに自立軍起義や革命運動にも参加している。彼は、湖南変法運動に参加し、譚嗣同らと南学会を組織した。この学会は地方自治をめざすものであった。翌年、病を患い上海に去り、癒えて北京にはいった。そこで康有為とともに保国会を組織した。この会は中国最初の近代的な政党だったとされている。

一八九八(光緒二十四)年戊戌の年の六月十一日、光緒帝より明定国是(変法国是)の諭が出され、翌月、梁啓超は光緒帝の謁見にあずかり、六品の弁理訳書局事務を授かり、科挙の廃止、翻訳局の開設などに尽力したが、九月の政変で、北京の日本公使館に逃げ込み、大陸浪人平山周《ひらやましゅう》により日本の軍艦大島に助けられ、身一つで、日本に亡命した。

一八九九年には、東京で『清議報』▲の創刊と東京高等大同学校▲を創設してい

▼王康年(一八六〇〜一九一一)　清末のジャーナリスト、変法論者。上海強学会、不纏足会、『農学報』、東文学社などに関係した。

▼林語堂(一八九五〜一九七六)　中国の文学者。最初魯迅らとともに旧勢力と戦ったが、風刺とユーモア小説家にかわった。ノーベル文学賞候補者。

▼時務学堂　湖南に建てられた変法派の学校で、梁啓超が中心となって運営し、自由の気風があった。このなかから変法運動、革命運動の参加者がでた。

▼『清議報』　梁啓超らが発行した変法派の雑誌。

▼東京高等大同学校　東京に設立された変法派の学校で、中国人留学生に高等教育をほどこした。

る。この頃、梁啓超は在日中の孫文にかたむいたが、康有為の怒りを買い、ハワイに赴いた。ついで一九〇一年には、康有為と保皇会を組織し、その翌年には『新民叢報』を発行し、立憲君主制を主張し、『民報』によった革命派と対立した。

中華民国となったのちは熊希齢《ゆうきれい》内閣の司法総長、段祺瑞《だんきずい》内閣の財務総長となり、『清代学術概論』などを書き、北京図書館長、清華大学の国学の教授を歴任したが、病をえて一九二九年、北京で没した。

譚嗣同

処刑された譚嗣同・劉光第・楊深秀・康広仁・楊鋭・林旭の六人は、後世、尊称されて「戊戌の六君子」といわれたが、彼らの生涯にふれ、戊戌の政変との関係をみていきたい。

譚嗣同は一八六五(同治四)年、北京に生まれたが、本籍は湖南省瀏陽《りゅうよう》県の人である。字は復生、号は壮飛、華相衆生・東海褰氏・通眉生などである。六九年、五歳で次兄嗣襄《しじょう》とともに北京で卒純斎《そつじゅんさい》を師として「経書」を読み、七二

譚嗣同

年、八歳で長兄嗣貽《しい》、次兄嗣襄と北京で、韓蓀農《かんそんのう》を師として「経書」を読んでいる。

一八七四(同治十三)年、十歳の時、父譚継洵《けいじゅん》が進士となり、戸部員外郎に任官したので、全家が北京の庫堆《こたい》胡同の瀏陽会館に住んだ。七六(光緒二)年、十二歳の春、北京にジフテリアが発生し、母と長兄、次姉を失った。彼も三日間昏睡状態を続けたが、一命を取りとめたので、父によって「復生」という字がつけられた。七七年、十三歳の譚嗣同は、唐才常と友として親しくなり、ともに欧陽中鵠《おうようちゅうこく》▲の門下生となり、学問を求めている。八三年、十九歳で李閨《りけい》と結婚した。翌年、二十歳の時、新疆巡撫劉錦棠《りゅうきんとう》▲の幕府▲に行く。劉錦棠は譚嗣同の才能を認め、朝廷に推薦しようとしたが、劉自身が官を辞さなければならなくなり、はたせなかった。八九年、二十五歳で次兄嗣襄と北京で試に応じたが、不合格であった。劉人熙《りゅうじんき》▲を師として『船山遺書』▲『宋元学案』などを読んで、中国の哲学思想の発展を探究した。

一八九〇(光緒十六)年、譚嗣同は二十六歳の春に湖北巡撫となった父に従って湖北に行き、張之洞に謁見している。湖北では名士とまじわり、湖北の新式

▼欧陽中鵠(一八四九〜一九一一)　譚嗣同らに自然科学を教えた。南学会で講演し、湖南省の改革をはかった。

▼劉錦棠(一八四四〜九四)　湖南省出身の軍人・政治家。西太后に認められ、兵部尚書などを歴任。譚嗣同の才能を認めた。

▼幕府　役人の役所をいう。

▼劉人熙　愛国者であり毛沢東にも影響を与えた。

▼『船山遺書』　王夫之(船山)の遺書のことで、明滅亡後、反清運動をおこない、学問著述に専念。その遺書は曾国藩、国荃兄弟により刊行され、譚嗣同、毛沢東にも影響を与えた。

の鉱工業を参観し、学問を研鑽している。九一年、二十七歳で詩文集『遠遺堂集外文』初編を編み、王船山の哲学思想からはじめて張載《ちょうさい》▲の哲学思想を研究している。九三年、二十九歳で『遠遺堂集外文』続編を編んだ。また、夏には上海でジョン・フライヤー▲と知り合い、西欧の自然科学などの本を読んでいる。

一八九四(光緒二十)年、三十歳で湖北において『三十自紀』を書き、壮飛と号し、過去を総括して科挙の学問を捨てた。三十歳以前の詩を集め『秋雨年華之館脞書』とし、あわせて詩集『莽蒼蒼斎詩』を編集した。甲午農民戦争で感ずるところがあって、友人貝元徴《ばいげんちょう》に手紙を送り、維新変法思想の志を示している。翌年、三十一歳の春、武昌で唐才常、劉淞芙《りゅうしょうか》らと学問を研究し、維新変法思想の交流をした。十月には瀏陽県に赴いて、欧陽中鵠と算学社▲を興し、十一月には、湖南にもどって、救災事務を処理し、『瀏陽算学館章程』を草擬し、算学館の創立に奔走した。十二月、清朝は王之春をロシアに出仕させ、譚嗣同を参賛▲として内定したが、李鴻章が派遣されたため、譚嗣同はいくことはなかった。

一八九六(光緒二十二)年、三十二歳で湖南に強学会分会の設立準備をしたが、

▼**張載**(一〇二〇〜七七)　宋代の学者。進士に及第、地方官となったが志をえず、学を講じ、その一元的な哲学は朱熹に影響を与えた。

▼**ジョン・フライヤー**(一八三九〜一九二八)　イギリスの宣教師で中国学者。自然科学・進化論を教え、変法思想にも影響を与えた。

▼**算学社**　数学の学会。

▼**参賛**　清代外国公使館におかれ、一等から三等までの区別があった。

成立しなかった。三月、武昌からでて上海に行き、洋書を購入したうえでフライヤーを訪れ、「北洋遊学」を開始した。夏には天津で、工場・碼頭・輪船・砲台・汽車などの新式企業を参観している。六月、北京にきて翁同龢に拝し宣教師、名士を遍訪し、変法維新の哲理を探究した。八月、父の捐官《えんかん》▲で南京にきて、候補知府▲となり官僚の実態を知る。また楊文会▲と知り合い、仏教学を研鑽する。この期間、上海・南京を往来して、梁啓超・王康年・呉鷹舟・宋恕・孫《そん》宝瑄《ぼうせん》とものの見方について話し合い、研鑽して進歩した。また『時務報』の編集出版と女性解放運動に参与した。その年の冬には南京で『仁学』▲に着手する。同時に湖南にあって、開鉱をなし、算学社の人を動かし、湖北で『民听《みんきん》報』を出版しようとして奔走した。

一八九七(光緒二十三)年春、譚嗣同らの今までの努力が実り、瀏陽算学館が開学する。また、楊文会らと南京で測量会を創立した。この春『仁学』の初稿がだいたい完成している。五月、上海に赴いて、時務学堂の儀器を購入し、六月、務農会の創立を支持し、『農学報』を準備するため奔走したが失敗した。また、上海不纏足会の創立にかかわった。十月、南京から上海に赴き、梁啓

▼**捐官**　金品をおさめて官職をえること。

▼**知府**　清代行政区画で省の下に府があったが、その長官をいう。

▼**楊文会**(一八三七〜一九一一)　清末の仏教徒で康有為、譚嗣同に影響を与えた。

▼『**仁学**』　譚嗣同の主著で、道徳、政治の拘束を打破することを説いた。

超・李維格《りいかく》▲に対し、湖南時務学堂の教師に任ずるように請うた。十一月、長沙に赴いて盛宣懐や張之洞の委託を受け、湖南で鉱山を開き、汽船や鉄道の交通運輸事業を取り扱った。

一八九八(光緒二十四)年、長沙に帰って、湖南変法運動に参与した。三月から五月にいたる間、長沙で『湘報』▲を発刊、南学会をはじめ時務学堂を開き、維新の志士と内河小輪船▲・鉱務総局・湘粤鉄路・武備学堂・保衛局▲・群萌学会・延年会▲などを開設し、『湘学報』▲を発刊した。また同時に、南学会の講演で忙しかった。『壮飛楼治事十篇』を書いたのもこの頃で、その変法の計画と順序を明らかにした。六月三十日、変法を推進する光緒帝は、譚嗣同に北京に赴いて引見を受けることを命じた。譚嗣同は大変喜んで長沙から武昌にきて北上の準備をしたが、不幸にも病に倒れた。七月三十日、光緒帝はそれでも譚嗣同がすみやかに上京するよう命じたので、八月三日、彼は病をおびて、武昌から北京に赴いた。北京では瀏陽会館に住んだ。九月五日、光緒帝は譚嗣同ら四人を四品卿銜軍機章京▲に任命し、新政の遂行を援助させた。このあとも譚嗣同は病をおし全力をつくして変法に奔走した。九月中旬、西太后の政変を発動する風声

▼李維格(一八六七〜一九二九)　時務学堂の西文教習に就任。

▼『湘報』　湖南省における気風の開発、変法運動、資本主義的企業の実施に一定の役割をはたした日刊紙。

▼内河小輪船　川を航行する小汽船。

▼保衛局　湖南省の警察機能を担った役所。

▼延年会　保健の学会。

▼『湘学報』　『湘報』と同じような役割をはたした旬刊誌。

▼四品卿銜軍機章京　ふつうは、軍機大臣が一品官と組閣するが、変法時期には、四品官が組閣の大臣の名を与えられ、軍機大臣属僚の軍機章京の働きをした。

がはなはだ急となると、譚嗣同は袁世凱をたずね、彼に新政を援助し、栄禄を殺すことを希望した。諸列強が救ってくれることも夢想したが、失敗したという。

九月二十一日、西太后はクーデタを起こし「垂簾聴政」を発動した。光緒帝は瀛台にとらえられ、維新の志士は追捕された。譚嗣同は逃げず、とらえられるのを待った。九月二十五日、とらえられ獄にはいった。精神は自若としており、詩をつくり、志について語った。すなわち「各国の改革は、血を流さなければ成功しない。今日の中国では改革のために血を流した者があると聞いていない。それがこの国の盛んでない理由だ。ここに私がいる、どうか私、嗣同から始めて欲しい」といって九月二十八日、従容《しょうよう》として義に就いた（平然として正義をなした）という。李澤厚《りたくこう》▲という中国の現代歴史家は、譚嗣同を孫文・毛沢東よりも高く評価している。

▼**李澤厚**（一九三〇〜　）　中国現代の思想史研究者でコロラド大学で教鞭をとる。

劉光第

次に劉光第の生涯について述べる。劉光第は一八五九（咸豊九）年、四川省富順県に生まれた。字は裴村で、戊戌の変法運動に参与した清末の官僚である。父は一時床屋の職人をしており、家は貧しかったが、母の命により四歳で私塾にはいり、勉学に励んだ。七八(光緒四)年、童試に合格、八〇年には弟と成都錦江書院に入学し、八一年、挙人となり、翌年進士に及第、刑部主事となっている。北京で読書し、世のなかを観察したが、同年九月に帰省している。八七年、劉光第は十八歳で張雲仙と結婚し、四男五女をもうけている。

一八八八(光緒十四)年、母の服喪も明け、京官▲となったが、清貧にあまんじ、家はいよいよ貧しかった。これ以後、清朝の政治に深く関心を寄せ、大臣の安逸を批判し、清仏戦争の敗北を残念がっていた。また、真面目に勤務し、練達したので、日増しに声望もあがり、同郷の京官からも喜ばれるようになった。一八九四(光緒二十)年、日清戦争が始まると、上級の官僚に依頼して、政治の刷新・改革を上奏しようとしたが、政治改革のことを書いたこのいわゆる「甲午条陳」ははばまれた。やがて日清戦争に敗北し、痛憤した。

一八九六(光緒二十二)年、武昌で張之洞と会い、時事について話し合った。同年秋、『時務報』の四川の分局ができ、光第は友人と『時務報』を宣伝して

▼京官　在京の官司・官職のこと。

いる。翌九七年、四川の飢饉救済に乗り出し、九八年には蜀《しょく》学会▲を同郷の京官と開き、康有為の保国会にも参加している。また湖南巡撫陳宝箴《ちんぽうしん》▲の推薦で、光緒帝の召見にあずかり、軍機処章京上行走▲となり、新政に参加し、清廉潔癖な態度で職務に励んだが、西太后のクーデタのため、三十九歳で処刑された。彼は逮捕されても最後まで平然としており、刑部の官僚であったので、西門から出されたとき処刑を悟ったが、訊問されないで処刑されそうになったので、なにゆえ訊問しないのかといったと伝えられている。

劉光第の著作には、文章五五編・書簡六三通・詩六七八種ある。文集のおもなものに、前述の「甲午条陳」「論『校邠廬抗議《こうひんろこうぎ》』▲」などがある。

楊深秀

楊深秀の本名は敏秀、字は漪邨《きとん》。山西省聞喜県の生まれで、彼も戊戌の変法運動に参与した清末の官僚である。一八六二(同治元)年の挙人であったが、清朝に献金して刑部員外郎となった。宋・明代の義理の学に造詣が深かった。八二(光緒八)年、張之洞が山西巡撫の職にあった時、彼を起用して徳堂書院長と

▼**蜀学会**　四川省出身者の学会。

▼**陳宝箴**(一八三一～一九〇〇)　変法派の官僚。

▼**軍機処章京上行走**　軍機処章京事務取り扱い係の意味。

▼「**論『校邠廬抗議』**」　変法派の馮桂芬が書いた内政改革の本を論じたもの。

し、全省の読書人に「経史」、考拠詞章▲の学を教えさせ、志士を敬わせようとした。

一八八九(光緒十五)年、進士となり、本官となって刑部主事を授かり、郎中に累進し、九七年の冬には山東道監察御史▲となった。彼は、その性格が剛直であり、日清戦争の恥をいきどおった。しかし上申する場所がなかったので、御史になってからは、天下を正すことを自分の仕事とした。九八年の正月、ロシアが旅順・大連を分割する事件が起こったので、イギリス・日本と連合して、これを拒否することを上奏した。また、北京に保国会が成立すると、これを支持した。康有為の弟、康広仁の親友でもあった。

一八九八(光緒二十四)年六月十一日、戊戌の変法運動にさいし、康有為のために代奏して「国是を定め、賞罰を明らかにする摺《しょう》▲」を請うた。楊深秀は、それによって国を正しい方向に向け、国運を振興させようとした。また、「台湾が割かれ、膠州湾の変が生じて半年になる。だから皇帝の明をもってしても、どうして猶予があるだろうか」と述べ、中国の危機を訴えるとともに、変法による旧体制の変革を上奏した。同日、楊深秀がすでに上奏していた「遊学日本

楊深秀

▼詞章　詩歌や文章。

▼山東道監察御史　都察院の長官を都御史といい、その下に副都御史、僉都御史があり、その下に山東道など一三道がある。そこに監察御史がおかれ監察の役割をはたした。従五品。

▼摺　上奏文のこと。

章程」が承認され、三十歳未満の生員《せいいん》▲で優秀な者の留学、親王・貝勒《ベイレ》▲・宗室の外国視察も認められた。そのほか、外国の書物の翻訳も上奏している。

同年六月十七日、御史宋伯魯が八股文を改廃して、経済特科を開くことを上奏したが、礼部尚書許應騤《きょおうき》がその無益なことを唱えて反対したので、六月二十日、宋伯魯と楊深秀が許應騤を、守旧で新政をはばむ者として弾劾した。さらに、楊深秀は九月二十日に上奏して、清朝がイギリス・アメリカ・日本と団結して、それら諸国から援助を受けることを説いたが、これは楊深秀がイギリスのティモシー・リチャード、日本の伊藤博文に幻想をいだいていたためであったともいわれる。

同年九月二十一日、政変が起こったが、楊深秀は危難を避けようとしないで、光緒帝が廃された理由を問い、西太后に政権を光緒帝に返すように勧告すらしている。彼はついに逮捕されたが、楊深秀の一子・韍田《ふつでん》によれば、楊深秀はすでに皇帝がとらえられたのを知り、皇帝をなんとかして救おうとしたので、韍田がそれを密かにたしなめようとすると、かえってこれを叱り、悪びれることなく逮捕されたことが知られている。逮捕されてからも獄中で詩をつくり、九

▼生員　県や府でその予備試験に合格した者を生員といい、俗に秀才という。

▼貝勒　清朝の諸王の下の位に貝勒がある。

月二十八日に処刑されて、北京に仮葬された。詔勅により一九一〇(宣統二)年、はじめて故郷に葬られた。

楊深秀の著した詩文および奏稿は、「雪虚堂詩鈔」「楊漪春侍御奏稿」として『戊戌六君子遺集』におさめられている。

康広仁

康広仁は一八六七(同治六)年の生まれで、原名は有溥、字は広仁、号は幼博・大中で、広東省南海県の出身であり、康有為の弟である。その人となりは、機を洞察し、政治の条理に長じあやまちを改める勇気をもっていたという。家族には、中国女学会▲の董《とう》事▲となった妻黄娯譔《こうごきん》、日本女子大学校を卒業し留日女学会の招待董事となった娘同荷《どうか》がいた。

彼は若い時から科挙制に反対し、試験準備をやめていた。一八八七(光緒十三)年、捐納により浙江省巡検▲候補となっている。九五年、康広仁は兄の康有為と広東にでて、不纏足会を開いた。九七年正月、『知新報』の主持人▲となり、ついで上海にもどって、中国女学堂の開設を経元善《けいげんぜん》▲に提唱している。同年六月、

康広仁

▼中国女学会　一八九七(光緒二十三)年、康広仁の妻黄娯譔、譚嗣同の妻李会閏らが創始した女性のための学会。

▼董事　中国語で理事のこと。

▼巡検　県の長官の上から五番目の属僚。従九品。

▼主持人　ここでは発行責任者のこと。

▼経元善(一八四一〜一九〇三)　浙江省出身の電報局長で中国女学堂の創設者。同校は富国強兵策の一環として建てられた。

康広仁は上海で梁啓超らと上海不纏足会を開き、九月から十月の間には、大同訳書局の設立にもあたっている。

一八九八(光緒二十四)年春、梁啓超と北京にはいり、皇帝から懋勤《ぼうきん》殿行走▲に任命された。戊戌の政変で刑死したが、最後までその精神はおだやかであり、死に臨んでも少しも変わらなかった。一六年後に兄、康有為の手により沈痛な思いで、柩が故郷に移された。

楊鋭

楊鋭は字が叔嶠、鈍叔であり、四川省綿竹県の人である。張之洞が四川省の督学▲の時、若い楊鋭は、その学識を見抜かれて張之洞の弟子となり、信任された。一八八八(光緒十四)年、挙人となり、内閣中書を授かった。張之洞の幕僚となって一〇年、張之洞は北京における書簡・電報の授受を楊鋭にまかせた。楊鋭の性質は強く、正直で、名誉と節操を尊び、漢の党錮▲、明の東林▲の品行をしたったという。

一八九五(光緒二十一)年の下関条約以後、ますます慷慨して時事問題を話し

▼懋勤殿行走　紫禁城内の御殿で使われていなかったが、戊戌の変法をおこなうため開かれ、その兼職となること。

▼督学　正式官名は提督学政で学政と同じ。

▼漢の党錮　後漢の末、宦官が政治をほしいままにしたので気節の士が集まって攻撃したこと。

▼明の東林　明代神宗をいさめて結成された政治集団。東林党ともいう。

た。その頃、康有為が北京にいて、親密に彼に従って過ごしていた。康有為が志士と強学会を創設すると、楊鋭は立ち上がってこれに賛成し、尽力した。同年十月、御史楊崇伊が強学会を弾劾すると、全国の志士は連署してこれと争い、楊鋭も率先して署名したという。

一八九七(光緒二十三)年、ドイツの膠州湾の事件が起こると、康有為は上京して上書した。楊鋭は、これを給事中▲の高燮曾《こうしょうそう》に話すと、高燮曾が康有為を疏薦したが、梁啓超はこれを楊鋭の力だとしている。同年二月、康有為は保国会を北京に設立したが、楊鋭も劉光第も会員となった。また楊鋭は自ら、四川会館に蜀学会を開いた。しかし、このことはますます守旧派の嫉妬をまねいた。

張之洞は、楊鋭を皇帝に推薦したかったが、自分の門人なので、湖南巡撫陳宝箴に楊鋭の推薦を依頼し、それにより楊鋭は一八九八(光緒二十四)年、召見され、四品卿銜を加えられ、軍機章京にあてられ、譚嗣同・劉光第・林旭と同じく新政に参与した。光緒帝は、一硃諭《しゅゆ》▲を四人に授け、力をつくして、新政を助け、かえりみてはならない。およそ上奏文があれば、四卿の閲視をへること、およそ勅諭があれば、四卿の草稿を経由することとした。それを軍機大臣が嫉

▼**給事中**　官吏を監察し、皇帝への上奏文を審査し、皇帝の聖旨を記録する役目。正五品。

▼**硃諭**　朱書きによる皇帝の諭し聞かせ文書。

妬したという。七月二十九日、光緒帝は楊鋭に密詔をわたし、それに光緒帝の位が保てないこと、康有為と四人は法を設けて救護したいと書いてあったという。

梁啓超によれば、「楊鋭が長く宮中に居り、二〇年の国脈を知り、皆、西太后の手による傷耗に憤懣禁じ難いとしている。そして、御史の硃一新《しゅいっしん》・安易《あんいし》俊《ゅん》・侍読学士文廷式が西太后を批判したため、職を追われたことを述べている。そこで楊鋭は皇帝の密詔を奉じて諸同志と皇帝を守ろうとしたが、ついに逮捕され命を与えた」という。また楊鋭は広く学問につうじ、北京の名士に尊敬されているとしている。

林旭　著書に『晩翠軒詩集』などがある。その妻陳静儀は、薬をあおいで夫に殉じた。

林旭

林旭は一八七五(光緒元)年の生まれで、字が暾谷《とんこく》、福建省侯官県の人で、康有為の弟子である。子どもの時より秀いで、梁啓超によれば、天才特達(特別にぬきんでる)かつ、また、詩文にも優れ北京でも有名になったとしている。

一八九五(光緒二十一)年、遼東半島と台湾が割譲された時、林旭は礼部の試験に応じていたが、発奮して上書し、和議を拒むことを請い、意志はかけ離れて優れていた。その後、内閣中書となり、康有為の学問を聞いて彼をしたい、実際に面会して政教の宗旨を聞き、おおいに心を定めて、彼の弟子となった。

広州湾占領などの報告で、国内でも事変は急を極め、康有為は士気を振励させるのが保国の基礎だとし、各省の志士に各学会をつくらせ、相講究し、声気をつうじやすくし、講究が熟しやすいようにした。北京においては、まず粤学会・蜀学会・浙学会▲・陝学会▲などを唱え、楊鋭は蜀学会の領袖となった。林旭はあまねく故郷の先達に謁見し、鼓舞し、一日で閩《びん》学会▲をつくった。正月初十日に大会を福建会館に開き、福建中の名士、大夫がみな集まり、林旭が領袖《りょうしゅう》となった。保国会が開かれると林旭が董事となった。

さて、栄禄はかつて福州の将軍で、風雅であり、福建人に好意を寄せていた。彼は林旭が名士陳葆楨《ほうてい》▲の孫婿であることから、まねいて幕府にいれようと思い、五月に天津にやってきた。林旭は師とあおぐ康有為に可否をたずねると、彼は賛成したので、栄禄の招聘に応じようとした。しかし、すでに経済特科の試験に応じていたので、少詹《しょうせん》▲の王錫蕃《おうしゃくばん》が林旭を朝廷に薦め、七月に召見された。最

▼浙学会　浙江省出身者の学会。

▼陝学会　陝西省出身者の学会。

▼閩学会　福建省出身者の学会。

▼陳葆楨（一八二〇〜七九）　一八四七（道光二十七）年の進士で、太平天国打倒の功績で巡撫となり、造船、技術や外国語教育に功績があり、両江総督となった。

▼少詹　宮中の裁判、詔勅の編修にかかわる役目で、その長官の補佐役。正四品。

初、光緒帝は林旭の福建語がわからなかったので、上奏文を再提出させた。それには師の康有為の学説が詳しく書いてあったので、皇帝は林旭が康有為の弟子であることがわかり信任した。林旭は、譚嗣同らと同じ四品卿衔《けいかん》を授けられ、軍機章京にあてられ新政に参与した。上奏が多かったという。

八月二日、光緒帝は康有為に出京を命じた密書を林旭に手わたし、康有為にわたすように命じた。その後、政変が起こり、林旭はとらえられて二十八日、市で処刑された。

変法運動の背景と残したもの

変法思想は、張自牧《ちょうじぼく》▲・湯震《とうしん》▲・陳虬《ちんきゅう》▲・鄭観応らによって唱えられたが、実施されたのは康有為以降である。「戊戌の六君子」らの犠牲をはらっての戊戌の変法の成果として直接残されたものは、政治に関係のない農学会、『農学報』や北京大学を中心とするその後の清末の洋風学校の設置と民族ブルジョワジーの創設にともなう資本主義の道への出発であった。挫折したとはいえ、変法運動がその後の中国近現代史に与えた影響には、深いものがあったと思われる。た

▼張自牧（生没年不詳）　中国の学問を根拠とする西洋の学問の取り入れを主張し、議会制度にふれた。

▼湯震（一八五六〜一九一七）　議会制度、軍機処の改革、洋務論的学問論である中学は道、西学は器などを説いた。

▼陳虬（一八五一〜一九〇三）　議会制度にふれているが、学問は洋務的である。

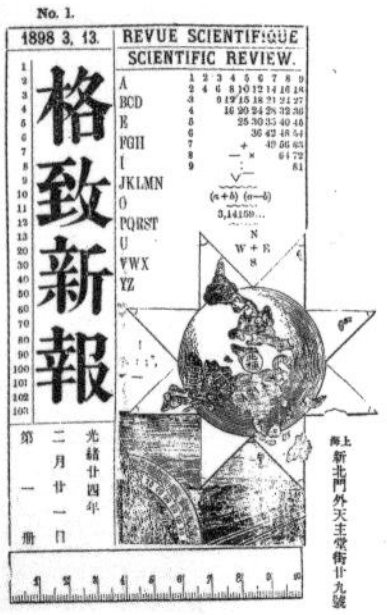

「格致新報」　一八九八年三月に自然科学の雑誌として出版された。その記事と実験により、中国人に科学的基礎知識を教育する先駆的役割を果たした。

とえば、すでに述べたように『時務報』は魯迅・毛沢東・林語堂らをも読者としたのであった。

なお、失敗の原因としては、西太后をはじめ保守派の官僚の強固さ、変法派の政治的経済的基盤の弱さがあげられるだろう。

④―西太后と義和団運動

ドイツの山東半島占領と義和団運動

日清戦争における清朝の敗北は、三国干渉をとおして、列強の中国への帝国主義的侵略を許すことになった。なかでもドイツは、曹州《そうしゅう》事件（ドイツ人宣教師殺害）をきっかけに山東を占領した。

青島の開港および外国貿易の増大は、清朝に外国綿布工業製品を激増させることとなった。このことは、とりもなおさず従来の山東農村の家内工業である土糸《どし》・土布《どふ》▲を衰退させ、山東農民の家計を圧迫し始め、外国人に対する反感をいよいよ増大させることとなった。またキリスト教徒が、宣教師の保護のもとに祭りの寄付を拒否して、一般の農民と対立した。そのうえ、この頃ちょうど一八九七（光緒二十三）年から一九〇〇年にかけて華北に天災飢饉が起こった。以上を背景、原因として義和団運動が引きおこされた。

▼**土糸・土布**　中国に従来からある糸と布。

義和団運動の開始

一八九八(光緒二十四)年五月になると、山東省北部から、白蓮教▲の一種の信仰を拠り所に義和団は運動を開始した。また、地方官たちはこれを放任したので運動は拡大し、九八・九九年にわたって義和団は各地で教会、キリスト教徒を襲撃した。

一八九九年、排外的な毓賢《いくけん》が山東巡撫になると、義和団を保護し、義和団反対の地方官を処罰した。これに乗じて義和団は、済南・東昌・曹州・済寧・臨清に拡大している。

ついで、袁世凱が巡撫になると、義和団を弾圧したので、義和団員は逃れて、北京から北方に拡大することとなった。一九〇〇(光緒二十六)年になると義和団は、菜水の官軍を打倒し、京漢鉄道とその駅や電話線を破壊し、技師を追放した。

このような義和団の運動に対して、清朝内部では、二つの異なった態度がみられた。まず第一は、義和団弾圧を主張する者であり、これには両江総督劉坤《りゅうこん》一《いっ》▲、両広総督李鴻章、湖広総督張之洞などがおり、外国人保護のために義和

▼**白蓮教**　中国の仏教的宗教結社で、弥勒下生の信仰と結びつき、清代まで結社として続いた。

▼**劉坤一**(一八三〇〜一九〇二)　一八六五(同治四)年、太平天国の討伐の功績により、江西巡撫となり、両広総督をへて、七九(光緒五)年、両江総督となった。一時引退したが、一八九〇(光緒十六)年、再任され、清末の政界で重きを成した。義和団では、張之洞とともに宣戦布告の詔勅を無視して外国人を保護した。事件後病没。

▼**剛毅**　満人官僚で、一八九四(光緒二十)年軍機大臣となり、徹底した保守派で変法派、洋務派と対立した。義和団の時には西太后に義和団を官軍とするよう進言した。

▼**甘軍**　董福祥《とうふくしょう》(生年不詳〜一九〇八)所属の軍隊。義和団で活動した。

団弾圧を主張した。

第二は、義和団の保護・利用を主張するものであった。すなわち西太后を中心とする保守派は、義和団の保護・利用によって、外国人を駆逐しようとした。とくに剛毅《こうき》▲は、義和団を援助して義和団に官庫から鉄砲や米を支給した。また、義和団を弾圧した官僚祝芾《しゅくふつ》や聶士成《じょうしせい》を処罰している。

西太后の列国に対する宣戦布告と西安逃避行

義和団の拡大にともない、西太后は、保守派を起用し、排外的な甘軍▲を北京にいれた。この時、日本公使館の杉山彬《あきら》書記生、ドイツ公使ケトラーを殺害し、西太后は一九〇〇(光緒二十六)年五月二十五日、列国に対する宣戦の上諭を発した。

これに対する列国の態度はまず、外国人の居留地の東交民巷《とうこうみんこう》を死守した。ついで、兵力に対する各国の思惑でなかなか出兵できなかったが、八カ国連合軍がやっと出兵した。さらに連合軍は一時北京を占領し、共同管理下におき、略奪を認めた。これによって中国の文化財の多くがヨーロッパに持ち去られた。

一九〇〇（光緒二十六）年、義和団事件処理の失敗により、西太后は光緒帝以下をともなって西安に逃れた。あくまで北京に残るといった光緒帝の最大の理解者で光緒帝も愛してやまなかった珍妃は、西太后の指示により、宦官の李連英によって井戸に投げ込まれ殺された。〇一年、光緒帝は北京にもどったが、政治にたずさわることはなかった。

自立軍起義

譚嗣同の盟友唐才常《とうさいじょう》は、譚嗣同の死に発奮して、義和団運動を利用して自立軍起義を起こした。すなわち一八九九（光緒二十五）年、上海の租界に正気会、のちの自立会を組織した。翌年、上海の張園に中国国会を開き、章炳麟《しょうへいりん》▲、文廷式、葉瀚《ようかん》▲、張通典《ちょうつうてん》ら変法派から革命派にいたる千数百人を集め、起義の内容を合議した。そして、会長に容閎、副会長に厳復▲がおされ、唐才常が総幹事となった。

国会の宗旨としては、⑴中国自立の権を保全し、新しく自立国を創造する。⑵満州政府の清国統治を認めないことを決定する。⑶光緒帝の復辟を請う。以

▼**章炳麟**（一八六九～一九三六）　儒学の立場の違いから康有為ら変法派と対立。異民族排斥、熱烈な民族主義革命を唱える。

▼**葉瀚**（生没年不詳）　浙江省出身の生員で変法運動に参加し、『時務報』に関係した。

▼**厳復**（一八五四～一九二一）　福州の海軍兵学校を卒業しイギリスに留学。欧米の政治制度思想にふれ、中国の立ち遅れを痛感。日清戦争敗北後、ハックスレーの社会的進化論の立場から政治改革を主張した。

上が掲げられ矛盾する内容となっていた。唐才常は自立会、中国国会、東京大同学校などの日本留学生や揚子江中下流の会党一〇万を集め、中国東南諸省の独立をはかり、張之洞とも連絡し、各所で蜂起し、あるいはしようとして失敗した。しかし、参加者のなかから革命運動に参加する者もでた。

北京議定書

義和団の乱の結果、清朝はオランダ・ベルギーなどを含む一一カ国と一九〇一(光緒二十七)年九月七日、北京議定書(辛酉《しんゆう》和約)を締結した。もっとも、この一一カ国のなかではイギリス・ロシアの対立がみられた。北京議定書のおもな内容は次のようなものであった。第一に義和団を指導した端郡王は新疆へ流刑され、剛毅、董福祥《とうふくしょう》▲以下百数十人の官吏が処罰され、官吏登用試験が五カ年停止された。第二に総額四億五千万両、三九カ年賦払い、年利四分付きの賠償金の支払いが決定され、元利合計九億八千万両にのぼった。

第三にドイツ・日本の両国に謝罪使を派遣すること、第四に北京外港にある大沽《ターク一》砲台が撤去され、北京の東交民巷《とうこうみんこう》が公使館区域に指定され、それと海港を

▼**董福祥**　左宗棠に従って、新疆のイスラーム教徒鎮圧に活躍。日清戦争で首都を防備した。一八九七(光緒二十三)年、栄禄麾下で武衛行軍を指揮。戊戌の政変で光緒帝を幽閉。義和団で東交民巷攻撃の主力となり日本人書記生を殺害した。

結ぶ交通の要地に外国の駐兵権、軍事施設が認められた。第五に排外、反キリスト教運動に対しては、死罪をもって厳禁する布告が出された。第六に列国との通商条約の改定、第七に総理衙門の外務部への改組が決められた。

光緒新政と予備立憲

義和団で諸外国に敗れた西太后を中心とする清朝政府は、近代国家の建設に向け改革に踏みきるのやむなきにいたった。すなわち、一九〇一（光緒二十七）年十二月、西太后は、光緒帝の名で変法の上諭をおこない、「光緒新政」をおこなった。それは、西太后が洋務派官僚張之洞、劉坤一の上奏を受けたものであり、かつての戊戌の変法運動の繰り返しの観があった。その内容は、官制の改革、科挙制の廃止、学堂の設立、海外留学生の派遣、新軍の設立、企業の振興などであった。

参加者は、北洋派集団、東南諸省の洋務系督撫、官僚資本、民族資本の上層であり、その意図は、清朝の維持と封建的土地所有の温存であり、専制君主制が質的に変化したかどうかは、疑問とされている。

張謇

官制の改革では、外務部や商部が設立された。従来の総理衙門がより近代的な外交関係をもつ外務部に変更され、商部の設立は、商工業の新興がめざされたが、関税自主権、資本面での保護などはおこなわれなかった。

科挙制の廃止では、まず科挙の試験内容の改革、一九〇五(光緒三十一)年九月の科挙制の廃止があり、学堂の設立、海外留学生の派遣では、新しい知識・技術をもった青年や知識人が官吏・外交官・教員・技術者・ジャーナリスト・会社員・軍人・中小資本家となり、戊戌の変法期よりは、はるかに社会経済的基盤を広め、深めた。

新軍の設立では、六個師団からなる近代的北洋新軍が創設され、一九〇一(光緒二十七)年、李鴻章の後任として直隷総督・北洋大臣に任命された山東巡撫であった袁世凱の支配下にはいり、袁世凱は清朝最大の実力者となった。

企業の振興などでは、江蘇省で張謇《ちょうけん》が活躍した。張謇は翁同龢の弟子であり、一八九四(光緒二十)年、科挙の試験で進士に首席で合格したが、父の死もあって官職につかなかったが、九七年、両江総督代理張之洞に紡績工場の設立設計を依頼され、実業救国をめざし、江蘇省南通に大生沙廠を創設した。この工場は外国資本によらない民族資本企業の先駆であった。一九〇二年、彼は通州師範学校を設立している。

一九〇六(光緒三十二)年九月、西太后は、「君権を永久にかためる」ことを目標に予備立憲の方針を表明した。〇七年、清朝は、諮問機関である資政院(中央)と諮議局(地方)を設置した。ついで〇八年九月には、日本の明治憲法をモデルとした憲法草案である『欽定憲法大綱』を公布し、九年以内に国会を召集することを約束した。

立憲運動・革命運動

このような民族資本のなか、上層(地主・郷紳・富商)は、新政運動をさらに発展させ、立憲君主政体を求める立憲運動を自主的に展開したので、立憲派と呼ばれるようになった。立憲派は、各省に創設された代議機関である諮議局の指導的地位を掌握したが、民衆の諸闘争とは対立した。また、外国借款に依存する鉄道の国有化や開平炭鉱などの合併に反対して、いわゆる保路・保鉱運動を展開し、民有鉄道の建設を意図した。なかでも四川の保路運動は有名であり、哥老《かろう》会、革命派もこれに呼応して武装蜂起をおこない、やがて辛亥革命を引きおこすことになる。

光緒新政、立憲運動とともに革命運動も展開されたが、まず広東・浙江・湖南などに革命結社が設立された。その参加者は、華僑・拒俄《きょが》義勇隊▲を組織した在日留学生や農民・労働者を主力とする秘密結社や哥老会などであった。その意図は、清朝打倒による独立富強の中国建設であった。

さて、このような革命結社のなかでも、とくに中心勢力となったのは、黄興《こうこう》▲らの華興会(湖南省)、蔡元培《さいげんばい》▲や章炳麟らの光復会(浙江省)、孫文▲らの興中会(広東省)であったが、それらを統合して、一九〇五(光緒三十一)年、東京において中国同盟会が成立した。その指導者は孫文であり、その指導理念は三民主義であった。

三民主義とは、民族主義・民権主義・民生主義よりなっていたが、初期の三民主義では、民族主義は滅満興漢の種族主義であり、民権主義では万民共和・五権(司法・立法・行政・考試・監察)主義が唱えられたが、それは専制君主主義の裏返しであり、民生主義では、土地国有・地権平均が唱えられたが、のちに

▼拒俄義勇隊　ロシアの侵略に反対する義勇隊。

▼黄興(一八七四〜一九一六)　湖南省出身の革命派で、華興会を組織した。一九〇五(光緒三十一)年の中国同盟会に結集。その後各地で革命蜂起。一二年、南京臨時政府の成立で陸軍総長に就任した。

▼蔡元培(一八六八〜一九四〇)　清末の進士。戊戌の変法後に官職を捨て、一九〇二(光緒二十八)年以後、中国教育界、愛国学社、愛国女学などを創設、革命教育に専念する。〇七年ドイツへ留学。一二年に中華民国初代教育相に就任した。

▼**孫文**（一八六六～一九二五）　孫文は、一八六六（同治五）年広東省香山県に生まれ、十三歳でハワイにわたり、イオラニカレッジ、オアフカレッジで英文学を学び、十八歳で香港に行き、抜粋書院に入学後受洗し、ついで香港書院に学び、二十一歳で広東の博濟医院、翌年香港の西医書院に転入、卒業した。九三（光緒十九）年に広東の革命結社興中会、一九〇五年に中国同盟会を結成、一一（宣統三）年、辛亥革命により清朝を打倒、中華民国を樹立した。ついで、臨時大総統となり、三民主義を実施した。のち新三民主義を提唱する。

辛亥革命で実施されたのはおもに民族主義であった。

　また、この三民主義は、ナショナリズムによるブルジョワ革命の綱領であり、人民民主主義と民族主義を意図するもので、革命派はこれによって、立憲派と対立し、やがて辛亥革命を引きおこした。歴史の流れは、清朝の改革から革命運動へと進んでいき、清朝は崩壊し、西太后が任命した宣統帝溥儀は三年で退位のやむなきにいたった。

西太后の歴史的役割

　光緒帝は、一九〇一（光緒二十七）年、西安から北京にもどったが、あい変わらず政治から遠ざけられ、西太后が「垂簾聴政」をおこなった。〇八年十月二十一日（旧暦）酉の刻に、光緒帝は死去した。三十九歳であった。死亡診断書には、胃病と記されている記録もあるが、肺結核の説や李連英の毒殺説もあり、正確なことは不明である。

　西太后は、光緒帝がなくなった翌日一九〇八（光緒三十四）年十月二十二日、七十四歳で体調不良で未の刻になくなった。死を悟った西太后は栄禄の孫で、醇親王載灃《じゅんしんのうさいほう》の子、三歳の溥儀《ふぎ》を皇帝継承者と決め、彼女の死後、溥儀の実父の醇親王載灃と光緒帝の隆裕《りゅうゆう》皇后（光緒帝が死んで皇太后となる）に政権を委ねると遺言した。また西太后は、臨終の時に「以後ふたたび婦人に国政をまかせてはならない。これは本朝の家法に反するから、厳に慎むべきである。もっとも厳に防ぐべきことは、太監（宦官）の権力をほしいままにさせてはならぬことである。明末のことは殷鑑《いんかん》遠からず▲と思わなければならない」と遺言したという。

なお、薬剤師で中医内科医の宮原桂によれば、西太后の死因は心不全など冠心病の類であったとされている。また同氏によると、西太后の体調の異変は、なくなる年の七月頃から始まり、八月には、たびかさなる下痢症状が出現し、日増しに悪化が進み、体力が低下し、十月にはいると老化現象も顕著となり、精神状態もふるわず、体重も落ち始め、体力は衰退し、感冒気味となったようであるが、彼女は十月十日の七十四歳の誕生日を心待ちにしていたという。このような健康状態のもとで、誕生日をむかえ、日中は祝寿の慶典、夜は祝賀の京劇の観劇、光緒帝の死、溥儀の次期皇帝への手配などがかさなった結果だったといえよう。

▼**殷鑑遠からず**　自分のいましめの材料は、すぐ近くにあるということ。

今まで、西太后についてみてきた。

西太后の垂簾聴政は、一八六一年から一九〇八年まで四八年続き、その間内憂外患の困難な清朝の政治にあたってきたが、やはりいちばん深刻な事件は戊戌の政変であったろうと思う。なぜなら、自分が手塩にかけて育てた光緒帝に反抗されたからである。

西太后の立場も理解できるが、押し込められた光緒帝、亡命・粛清・失職した康有為、梁啓超、「戊戌の六君子」らに思いをいたし、その研究に私の半生をかけてきた。もっとも、西太后を助け、変法派の官僚たちにも信頼されていた張之洞の子に岳父が関係したのも歴史のめぐり合わせであろうか。

西太后とその時代

西暦	中国暦	齢	おもな事項
1835	道光15		*10-10*（旧暦）北京生まれ（異説あり）。姓:葉赫那拉,幼名:蘭児
1851	咸豊元	17	太平天国蜂起。西太后，秀女の面接受ける
1852	咸豊 2	18	西太后，秀女に選ばれる
1856	咸豊 6	22	皇子載淳（のちの同治帝）を産み，貴妃に昇進
1861	祺祥元	27	*8-* 咸豊帝病没。数え年 5 歳の皇子載淳が即位し，同治と号し，西太后は皇太后となる。怡親王載垣，鄭親王端華，協弁大学士戸部尚書粛順ら 8 人の重臣が咸豊帝の遺詔により政務執行。西太后は東太后，咸豊帝の弟恭親王とはかり，載垣,端華,粛順を処刑（辛酉政変）。西太后は東太后と「垂簾聴政」を開始
1864	同治 3	30	太平天国敗北
1873	同治12	39	同治帝 18 歳で「撤簾帰政」の方針を掲げる
1875	光緒元	41	同治帝死去。甥載湉を皇帝とし「垂簾聴政」開始
1881	光緒 7	47	東太后死去
1889	光緒15	55	西太后は姪を光緒帝の皇后に。帝の親政を認め隠居
1894	光緒20	60	日清戦争開始。西太后，60 歳の祝いに北洋海軍の経費を頤和園修築に流用，戦争の終結を早める
1895	光緒21	61	下関条約締結により，外患を極め，官僚の自強論盛ん。北洋陸海軍はほぼ壊滅，清廷の経済難。光緒帝の師翁同龢は帝を助け変法を志す。*10-21* 西太后，光緒帝に命じて，帝派の文廷式ら免職
1898	光緒24	64	恭親王奕訢死去。*6-11* 康有為，光緒帝を説得し政治革新を断行させる(戊戌の変法)。西太后，帝に翁同龢を退職させ，栄禄を直隷総督へ。光緒帝，変法派四卿を政治に参加させる。*9-21* 西太后，クーデタを起こし，帝に「垂簾の詔」を発布させ，復帰（戊戌の政変）。袁世凱の光緒帝への裏切り，栄禄の西太后への密告，御史楊崇伊による西太后訓政の請願あり。西太后，康有為の免職，弟康広仁を処罰。*9-28*「戊戌の六君子」死刑宣告。*10-* 翁同龢の免職と永久不任用，康有為，梁啓超，王昭らの逮捕命令
1899	光緒25	65	西太后，溥儁を皇太子に立て，辛丑和約後廃立
1900	光緒26	66	義和団事件を背景に列強に対し，西太后，宣戦布告。八カ国連合軍，大沽砲台を陥落。*7-* 西太后，光緒帝をつれて熱河へ逃亡。珍妃殺害。*8-* 光緒新政宣言。教育，官制の改革，纏足，売官の禁止の上諭
1904	光緒30	70	戊戌の変法の関係者で康有為，梁啓超以外は許す
1906	光緒32	72	予備立憲の方針を表明
1908	光緒34	74	*10-21*（旧暦）光緒帝が死ぬと溥儀を皇位継承者にする。*10-22*（旧暦）西太后死去

参考文献

G・N・スタイガー（藤岡喜久男訳）『義和団』桃源社，1967年
J・O・P・ブランド，E・T・バックハウス共著（藤岡喜久男訳）『西太后治下の中国』光風社出版，1991年
ウッドハウス暎子『北京燃ゆ』東洋経済新報社，1989年
尾形勇・岸本美緒編『新版世界各国史3　中国史』山川出版社，1998年
小野川秀美『清末政治思想研究』みすず書房，1969年
加藤徹『西太后――大清帝国最後の光芒』中央公論新社，2005年
菊池秀明『ラストエンペラーと近代中国――清末中華民国』講談社，2005年
高陽（陳沢禎選定監修・鈴木隆康・永沢道雄訳）『西太后』全11巻，朝日ソノラマ，1994－95年
小島晋治『洪秀全と太平天国』岩波書店，2001年
小林一美『義和団戦争と明治国家』汲古書院，1986年増補版，2008年
坂出祥伸『改訂増補中国近代の思想と科学』朋友書店，2001年
里井彦七郎『近代中国における民衆運動とその思想』東京大学出版会，1972年
佐藤公彦『義和団の起源とその運動――中国民衆ナショナリズムの誕生』研文出版，1999年
鈴木智夫『洋務運動の研究』汲古書院，1992年
スターリング・シーグレーブ（高橋正・山田耕介訳）『ドラゴン・レディ』サイマル出版会，1994年
高田淳『中国の近代化と儒教』紀伊國屋書店，1970年
田中克己『中国后妃伝』筑摩書房，1964年
陳舜臣『中国の歴史』全7巻，講談社，1990－91年
寺田隆信『紫禁城史話』中央公論新社，1999年
徳齢（さねとうけいしゅう訳）『西太后秘話』東方書店，1983年
徳齢（永峰すみ・野田みどり訳）『天子――光緒帝悲話』東方書店，1985年
徳齢（井出潤一郎訳）『素顔の西太后』東方書店，1987年
徳齢（井関唯史訳）『西太后汽車に乗る』東方書店，1997年
中塚明『日清戦争の研究』青木書店，1968年
中村義『辛亥革命史研究』未来社，1979年
村松暎『中国列女伝』中央公論社，1968年
野口鐵郎編『資料中国史――近現代編』白帝社，2000年
野沢豊・田中正俊編『講座中国近現代史2 義和団運動』，東京大学出版会，1978年
野村浩一『近代中国の政治と思想』筑摩書房，1964年
狭間直樹編『共同研究梁啓超――西洋近代思想受容と明治日本』みすず書房，1999年
濱下武志ほか編『世界歴史体系中国史5 清末～現在』山川出版社，2002年
浜久雄『西太后』教育社，1984年
深澤秀男『戊戌変法運動史の研究』国書刊行会，2000年
深澤秀男『中国の近代化とキリスト教』新教出版社，2000年
深澤秀男『戊戌変法期における学会・報刊・学堂についての研究』求是舎，2007年（岩手大学レポジトリ，2007）
深澤秀男『中国近現代史』第20版，求是舎，2012年
彭沢周『中国の近代化と明治維新』同朋舎出版部，1976年
三石善吉『中国，一九〇〇年――義和団運動の光芒』中央公論社，1996年
宮原桂『西太后最後の十三日』牧野出版，2010年
村松祐次『義和団の研究』巌南堂書店，1976年

図版出典一覧

王栻『維新運動』上海人民出版社, 1986年（岩手大学図書館所蔵）　*13* 中左, *42*

王府民『孫中山詳伝』中国広播電視出版社, 1993年　*77*

中国史学会主編『中国近代史資料叢刊　戊戌変法（1）』上海人民出版社, 1961年　*38* 左, *41* 中, 下, *47* 上右, 下右, *51, 59, 61, 64, 71*

張謇『大生企業系統档案選編』南京大学出版社, 1987年　*74*

馮元魁『光緒帝』吉林文史出版社, 1993年（岩手大学図書館所蔵）　*24, 38* 右, *41* 上右

毛注青『黄興年賦』湖南人民出版社, 1980年　*76*

熊月之『西学東漸与晩清社会』上海人民出版社, 1994年　*21* 下, *25, 47* 上左, 下左, *67*

兪炳坤等『西太后』紫禁城出版社, 1985年（岩手大学図書館所蔵）　*7* 右, *13* 上右, *27* 中

楊家駱主編『中国近代史文献彙編　太平天国文献彙編一』鼎文書局, 1973年　*7* 左

劉北汜 等主編『故宮珍蔵人物照片薈萃』紫禁城出版社, 1995年　扉, *13* 下

CPC提供　カバー裏, *13* 上左, 中右, *27* 上, 下, *41* 上左

ユニフォトプレス提供　カバー表, *21* 上, 中

深澤秀男（ふかざわ ひでお）
1935年生まれ
東京教育大学大学院文学研究科博士課程中退
専攻，中国近代史・キリスト教史
岩手大学名誉教授
主要著書
『戊戌変法運動史の研究』（国書刊行会 2000）
『中国の近代化とキリスト教』（新教出版社 2000）
『戊戌変法期の学会・報刊・学堂についての研究』（求是社 2007年，岩手大学レポジトリ 2007）

世界史リブレット人 76
西太后《せいたいこう》
清末《しんまつ》動乱《どうらん》期《き》の政治《せいじ》家《か》群像《ぐんぞう》

2014年6月20日　1版1刷発行
2018年8月31日　1版2刷発行

著者：深澤秀男《ふかざわひでお》

発行者：野澤伸平

装幀者：菊地信義

発行所：株式会社 山川出版社

〒101-0047　東京都千代田区内神田1-13-13
電話　03-3293-8131（営業）8134（編集）
https://www.yamakawa.co.jp/
振替 00120-9-43993

印刷所：株式会社 プロスト

製本所：株式会社 ブロケード

 ISBN978-4-634-35076-2

世界史リブレット 人

1 ハンムラビ王 ―― 中田一郎
2 ラメセス2世 ―― 高宮いづみ・河合 望
3 ネブカドネザル2世 ―― 山田重郎
4 ペリクレス ―― 前沢伸行
5 アレクサンドロス大王 ―― 澤田典子
6 古代ギリシアの思想家たち ―― 高畠純夫
7 カエサル ―― 毛利 晶
8 ユリアヌス ―― 南川高志
9 ユスティニアヌス大帝 ―― 大月康弘
10 孔子 ―― 高木智見
11 商鞅 ―― 太田幸男
12 武帝 ―― 冨田健之
13 光武帝 ―― 小嶋茂稔
14 冒頓単于 ―― 沢田 勲
15 曹操 ―― 石井 仁
16 孝文帝 ―― 佐川英治
17 柳宗元 ―― 戸崎哲彦
18 安禄山 ―― 森部 豊
19 アリー ―― 森本一夫
20 マンスール ―― 高野太輔
21 アブド・アッラフマーン1世 ―― 佐藤健太郎
22 ニザーム・アルムルク ―― 井谷鋼造
23 ラシード・アッディーン ―― 渡部良子
24 サラディン ―― 松田俊道
25 ガザーリー ―― 青柳かおる
26 イブン・ハルドゥーン ―― 吉村武典
27 レオ・アフリカヌス ―― 堀井 優
28 イブン・ジュバイルとイブン・バットゥータ ―― 家島彦一
29 カール大帝 ―― 佐藤彰一
30 ノルマンディー公ウィリアム ―― 有光秀行
31 ウルバヌス2世と十字軍 ―― 池谷文夫
32 ジャンヌ・ダルクと百年戦争 ―― 加藤 玄
33 王安石 ―― 小林義廣
34 クビライ・カン ―― 堤 一昭
35 マルコ・ポーロ ―― 海老沢哲雄
36 ティムール ―― 久保一之
37 李成桂 ―― 桑野栄治
38 永楽帝 ―― 荷見守義
39 アルタン ―― 井上 治
40 ホンタイジ ―― 楠木賢道
41 李自成 ―― 佐藤文俊
42 鄭成功 ―― 奈良修一
43 康熙帝 ―― 岸本美緒
44 スレイマン1世 ―― 林佳世子
45 アッバース1世 ―― 前田弘毅
46 バーブル ―― 間野英二
47 大航海の人々 ―― 合田昌史
48 コルテスとピサロ ―― 安村直己
49 マキャヴェッリ ―― 北田葉子
50 ルター ―― 森田安一
51 エリザベス女王 ―― 青木道彦
52 フェリペ2世 ―― 立石博高
53 クロムウェル ―― 小泉 徹
54 ルイ14世とリシュリュー ―― 林田伸一
55 フリードリヒ大王 ―― 屋敷二郎
56 マリア・テレジアとヨーゼフ2世 ―― 稲野 強
57 ピョートル大帝 ―― 土肥恒之
58 コシューシコ ―― 小山 哲
59 ワットとスティーヴンソン ―― 大野 誠
60 ワシントン ―― 中野勝朗
61 ロベスピエール ―― 松浦義弘
62 ナポレオン ―― 上垣 豊
63 ヴィクトリア女王、ディズレーリ、グラッドストン ―― 勝田俊輔
64 ガリバルディ ―― 北村暁夫
65 ビスマルク ―― 大内宏一
66 リンカン ―― 岡山 裕
67 ムハンマド・アリー ―― 加藤 博
68 ラッフルズ ―― 坪井祐司
69 チュラロンコン ―― 小泉順子
70 魏源と林則徐 ―― 大谷敏夫
71 曾国藩 ―― 清水 稔
72 金玉均 ―― 原田 環
73 レーニン ―― 和田春樹
74 ウィルソン ―― 長沼秀世
75 ビリャとサパタ ―― 国本伊代
76 西太后 ―― 深澤秀男
77 梁啓超 ―― 高柳信夫
78 袁世凱 ―― 田中比呂志
79 宋慶齢 ―― 石川照子
80 近代中央アジアの群像 ―― 小松久男
81 ファン・ボイ・チャウ ―― 今井昭夫
82 ホセ・リサール ―― 池端雪浦
83 アフガーニー ―― 小杉 泰
84 ムハンマド・アブドゥフ ―― 松本 弘
85 イブン・アブドゥル・ワッハーブとイブン・サウード ―― 保坂修司
86 ケマル・アタテュルク ―― 設樂國廣
87 ローザ・ルクセンブルク ―― 姫岡とし子
88 ムッソリーニ ―― 高橋 進
89 スターリン ―― 中嶋 毅
90 陳独秀 ―― 長堀祐造
91 ガンディー ―― 井坂理穂
92 スカルノ ―― 鈴木恒之
93 フランクリン・ローズヴェルト ―― 久保文明
94 汪兆銘 ―― 劉 傑
95 ヒトラー ―― 木村靖二
96 ド・ゴール ―― 渡辺和行
97 チャーチル ―― 木畑洋一
98 ナセル ―― 池田美佐子
99 ンクルマ ―― 砂野幸稔
100 ホメイニー ―― 冨田健次

〈シロヌキ数字は既刊〉